「今日」という日の花を摘む

樋野興夫
順天堂大学医学部 教授
がん哲学外来理事長

実業之日本社

「今日」という花を摘む　目次

第二章

奪い合えば不足するが、分け合えば余る

第三章

人生を二度生きる

第五章

花を育てるためには、花ではなく土に水をやる

豊かな人生を歩むための、希望の言葉

第六章

あなたのことを想ってくれる人がそばにいる——五組のご夫婦の対話集 213

序章

自分より
他人のことを優先すると、
自分の悩み事が
小さくなる

病理学者としての使命 ――尊厳に寄り添う治療

一輪の花から、宇宙のメカニズムを見る

私の職業は病理学者です。そもそも病理学とは、病気になった原因を探ったり、病気になった患者さんの身体に生じている変化が、どのようなものであるかを研究したりする学問です。私はこれまで、診断病理学や実験病理学を学びながら数多くの病理解剖にも立ち会ってきましたが、患者さんの容貌を見て、その人の悩み苦しみを知るには、広々とした大局観が必要であることを痛感するようになりました。病理学とは森を見て、木の皮まで見る学問といってもいいでしょう。

『ロビンソン漂流記』のロビンソン・クルーソーのように無人島で独り暮らしていれば、自分が善人なのか悪人なのかを判断できません。同様にがん細胞も一個

だけを観察していたのでは、その〝性格〟は分かりません。がん細胞だと見極めるには細胞が集団にならないと分からないのです。

病理学は、一輪の花から宇宙のメカニズムを見るという奥深さも持っているのです。

病理学者は時流に乗るのではなく、悠々とした精神を持たなくてはならないと思っています。悠々とは、「世の流行《はや》り廃《すた》りに一喜一憂しない。ポジションを取ろうとか、あくせくしない態度」「軽やかに、そしてものを楽しむ」「学問には限りがないことをよく知っていて、新しいことにも、自分の知らないことにも謙虚で、常に前に向かって努力することである」という、私の恩師の一人である菅野晴夫先生（病理学者）の言葉を肝《きも》に銘じています。

直接お会いしたことはありませんが、世界で初めて肝がんを人工的に作った吉田富三の著書からは、「がん細胞から人間社会を見る」ことを教えられました。

正常細胞が、がん化するのはなぜでしょうか？　いろいろな学説はありますが、

「これだ！」という確かな答えは今のところありません。二〇〜三〇年前のちょっとした「ボタンの掛け違い」が原因かもしれませんが、それも確定的なことではないのです。

がん細胞と人間社会はよく似ています。がんは役割を見失った、不良息子のようなものといっていいでしょう。この不良息子が何を考え、欲し、どう動くかを勉強する必要があります。それはもしかすると、人生を考えることにつながります。

私はある意味で、生き延びようと必死に行動するがん細胞のたくましさに感動します。どこに行っても、栄養のないところでも生き延びる知恵とたくましさ。がん細胞は最終的に、人だけでなく自分も死滅させる不思議で厄介《やっかい》な存在ですが、それでも学ぶことがたくさんあることを痛感しました。

まさに、「がんも身の内」ととらえ、学問としてがん細胞の生き方を知ることに努めてきました。知るとは、がんという病気を怖がるのではなく、正当に扱うことを意味しています。

この社会自体が、大きな病院みたいなものですし、がん細胞を知ることは人間社会を見つめることになるとも考えています。

暇《ひま》げな風貌に、患者さんは安心して心を開いてくれる

二〇〇八年一月、私が勤務している順天堂大学医学部附属順天堂医院に、「がん哲学外来」を開設しました。がんと哲学を結び付けたネーミングは、吉田富三の考えに大いに触発されたものです。

がん哲学外来では、がんの治療は行ないません。私とがん患者さんと、そのご家族が向き合い、お茶とお菓子をたしなみながら、面談を行なうだけです。カルテもなければパソコンもありません。そして暇げな風貌の私が、患者さんの風貌

を見ながら言葉を処方します。病理の専門家として、その患者さんにふさわしい治療、つまり言葉の処方箋《しょほうせん》を差し上げるのです。時間は約一時間くらいでしょうか。

たとえば私は、次のような言葉を処方します。

「がんになったことに一喜一憂すると、人生疲れますよ」

「がんも個性のうちではありませんか」

専門的な医師であると同時に、あたたかいアマチュア性をもって、患者さんの人間としての尊厳に寄り添うという治療です。

このような医師と患者さんの隙間を埋める試みは必要であるとは思っていましたが、それが成功するかどうか、発足当時はまだ絶対的な確信を持っているわけではありませんでした。ところが現実には私の予想をはるかに上回る勢いで、各地の病院にがん哲学外来が新設され、それをサポートする形で「メディカル・カフェ」のような自主的な集まりが全国九十カ所以上で開かれるようになっています。これには正直、私もびっくりしています。

これが私に与えられた役割、使命だったのでしょうか。がん患者さんのお役に立つことができるのは、とてもありがたいことです。そして私の役割、使命に賛同してくれる方々が増えていることも力強い限りです。

がん哲学外来のバックグラウンドに当たるのが、メディカル・カフェです。このカフェに参加する人たちに共通するのは、「偉大なるお節介症候群」という症状を持った「素敵な患者さん」であることです。サバイバー（がんを克服し、がんとともに生きる人）として、人の役に立つことを使命とする人たちです。

私はそのような人たちに、「偉大なるお節介症候群」の認定証を差し上げるようにしています。

「偉大なるお節介」のすすめ

「暇げな風貌」「偉大なるお節介」「速効性と英断」が主症状

自分のことばかりを考えていると、悩み事や心配事はどんどんふくらんでいくものです。特にがんの患者さんはマイナスの感情に支配されやすいので、なおさらです。

にっちもさっちもいかなくなったときにこそ、偉大なるお節介に取り組みましょう。すると不思議なことに、自分の悩み事の優先順位がどんどん下がり、ついには解消したりもするのです。

私が認定する偉大なるお節介症候群の「主症状」といえる診断基準は、次の三つになります。

一　暇げな風貌
二　偉大なるお節介
三　速効性と英断

「速効性と英断」とは、冗談のようなことに本気で取り組むことです。サバイバーの方々に差し上げている認定証も、〝冗談からコマ〟のようなものですが、皆様のお役に少しは立っているようです。いいことは人に相談せず、即実行あるのみです。その勇気とタイミングを外してはいけません。三分考えて分からないことは、三年かけて考えても分からないものではないでしょうか。

診断基準の次に必要なのが、「診断項目」です。一〇項目ありますが、以下にあげますので、それぞれのお立場でチェックしてみてください。反省材料になりますし、生きる指針にも、さらにはこれまでの生き方を変えるきっかけになるかもしれません。

偉大なるお節介症候群の診断項目

診断項目① 役割意識と使命感を持つ

役割意識と使命感は頭で考えるものでも、必死に追い求めるものでもありません。それはあるとき、向こうのほうから近づいてきます。あなたが必要なときに、必要な量を授かります。自分より他人のことを優先して生きていると、その積み重ねの中から、役割と使命感が自然と浮かび上がってくるのです。

東日本大震災の際には多くの方々が役割を見つけ、被災者支援に立ち上がりました。

ある飲食店の経営者は、津波に襲われ電源を失った小学校へクリスマスの電飾を付けに行きました。涙を流しながら飾り付けを手伝ってくれた小学生の姿が、今でも脳裏に刻《きざ》まれているそうです。彼は、「どこかで災害が起きたら、絶対に一番に駆けつけて、その場所に灯りをともしたい」と語っています。役割を果たし、それが使命感になったわけです。

役割や使命感を見つけそれを実行するとき、「あっ、このために自分の人生があったのか」と思う瞬間があります。そのときを待ち望みましょう。

診断項目② 練られた品性と綽々《しゃくしゃく》たる余裕

悩みや苦しみを通じて品性ができていきます。悩みや苦しみに鈍感な人は、いつまで経っても成長することがありません。体験し誠実に対処した人は、他人の悩みや苦しみを理解できますし、共感を覚えることもできます。この心遣いが品性を磨き、高めていくわけです。

診断項目③ 賢明な寛容さ

完璧な人間など、この世にいるはずがありません。完璧な医師がいないように、完璧な患者さんもいないのです。ですから、ある程度の度量を持って接し、悪い面より良い面に光を当てるようにしましょう。正論を並べるより、心遣いこそが人の心に訴えることができます。ただし、悪いことにまで目をつぶるのは賢明な寛容ではなく、悪い寛容ですので、注意するときは堂々と面と向かって声をかけるようにしましょう。

診断項目④　実例と実行

私は病理医ですので、手術中の患者さんの細胞（標本）を顕微鏡で観察し、三〇秒でがんかどうかを判断することもありました。判断を誤ったりすれば、患者さんの命に関わることですので、迅速《じんそく》かつ正確さが要求されます。

実行には責任が伴うことを忘れず、「自らがモデルとなるような一歩を踏み出す」という意味が込められています。

診断項目⑤　世の流行り廃りに一喜一憂せず、あくせくしない態度

私は携帯電話を持っていますが、ほとんど使うことはありません。それは人との日常的なやりとりに使う時間を、もっと違うことに回したいからです。確かに携帯電話は便利でしょうが、その便利があくせくした態度を誘発します。いつも忙しそうな顔をしていると、人は心を開いてはくれないものです。

アメリカでは最近、「フェイスブック症候群」が問題になっています。フェイスブック上で、「いいね」と言われないと不安になる人が急増しているのです。そんなにまわりを気にしていたら、息苦しくなってしまいますよね。日本にもその兆候が現れているようですが、ちょっと心配になります。

診断項目⑥　軽やかに、そしてものを楽しむ

たとえがんになっても、悲壮感が洋服を着ているような振る舞いをしないことです。自分のことは幕末の幕臣・勝海舟が言うように、「心の中でそっと心配すればいい」のです。楽しいことに気持ちを集中するようにしていれば、心身が軽やかになってきますよ。そのように仕向ける忍耐と努力は必要ですが。

診断項目⑦　新しいことにも、自分が知らないことにも謙虚に向き合う

やはり日々勉強です。私は若いころから、「武士道」を世界に広めた国際人であり偉大な教育者でもある新渡戸稲造《にとべいなぞう》や内村鑑三《うちむらかんぞう》、南原繁《なんばらしげる》（新渡戸稲造の弟子で、初代東大総長）、矢内原忠雄《やないばらただお》、私の病理学の心の師である吉田富三らの本を何度も読み返してきました。

内村鑑三は無教会主義のキリスト教思想家であり文学者、教育者でもありましたが、こんなエピソードが残っています。父親を亡くした弟子の矢内原忠雄（戦後二代目の東大総長）から悩みをどう解決したらいいか分からない、どうすればいいかと問われたときのことです。内村は、「私にも分からない」と誠実に答えたそうです。すごいですね。これは凡人には到底真似のできないことです。矢内原忠雄はその答えに、「大いなる慰めを覚えた」と記しています。「分からないことは分からない」と答えたときの内村の謙虚な態度そのものが、「教育」だといってもいいでしょう。

診断項目⑧　行ないの美しい人

これは同志社大学を創始した新島襄《にいじまじょう》が妻の八重を評した言葉です。新島は新渡戸稲造や内村鑑三の先人に当たる人物です。そんな新島ですから、この言葉は外見上のマナーのようなものを指しているわけではないでしょう。たとえば、まわりの人たちが思わず微笑《ほほえ》むような振る舞い、すなわち偉大なるお節介が行ないを美しく見せることは間違いありません。

診断項目⑨　冗談を実現する胆力

将来を見据えた人の大きな構想はたいていの場合、「冗談でしょ」とか「ほら吹き」などと揶揄《やゆ》されたりするものです。

幕末の幕臣・勝海舟は、三〇年後に起こることを明日起きるように語っています。これが胆力《たんりょく》です。幕臣でありながら、坂本龍馬や西郷隆盛とも付き合い、時には幕府の要人から「裏切り者」扱いをされたりもしますが、本人は平気でした。勝海舟は、「二〇〇年後に自分を思い出してくれる人が、一人でもいればそれでいい」と書いています。その願望は今、千倍、万倍にもなって叶《かな》えられたといっていいでしょう。

診断項目⑩　ユーモアにあふれ、心優しく、俯瞰《ふかん》的な大局観

ユーモアとは他人に向けられるもので、そのためには自分を上から俯瞰して見つめるような度量が必要です。自分を客観視できるようになると、相手の求めるものが見えてくるから不思議です。

私はがん哲学カフェやメディカル・カフェに招かれて講演をするときなど、「医学界の森本レオなんて言われることもありますが」などというジョークを冒頭の枕言葉に使ったりすることがあります。すると、緊張気味の会場がとたんに和《なご》やかになることもしばしばです。お客様の心がやわらかくなれば、私の話も聞き取りやすくなると思います。

私の講演などをお聞きになったことのある方から、「話し方も森本レオに似せて、ぼそぼそ喋《しゃべ》るのですか」と質問されたこともありますが、いいえ、この話し方は「地」ですので、誤解なさいませんように。

まとめの言葉

運転席から前を見ているばかりでは、
あなたの今を見誤るかもしれません。
時には空から見下ろすことが必要です。

第一章

鳥は飛び方を変えられないが、人間は生き方を変えられる

「あなたは一人ではない」と再認識できる、寄り添う言葉

病気になっても病人にはならないという生き方

がん哲学の核心となる言葉の処方箋《しょほうせん》のひとつが、「病気になっても病人にはならない」です。がんは今や日本人の二人に一人が発症し、三人に一人はがんが原因で亡くなっています。もはや、国民病のひとつといってもいいでしょう。それでもがんという病気がクローズアップされるのは、患者さんの数が多く、若くして亡くなる方も多いことからでしょうが、それだけではないような気がします。

治療法は進歩を続けていますが、がんは今でも「死」と直結する可能性の高い病気であることに変わりはありません。少なくとも患者さんにはその意識が強く、また致命的な症状に陥るまでの時間が長いことも影響しています。たいていの場合、患者さんの意識ははっきりしていますので、その時間の過ごし方をどうしても考え、思い悩んでしまうことになるのです。

人はいずれ、何らかの病気にかかるものです。亡くなるまで一切の病気に襲われないという人は皆無といっていいでしょう。つまり生きるとは、何らかの病気に見舞われるということなのです。これは人間の力では防げませんし、コントロールすることもできません。

しかし、病気になってからの心の持ちよう、生き方はご自分で決めることができます。がんにならなければ考えもしなかったかもしれない生き方を、見つめることもできます。絶望のあまりウツになってしまう人も、自死を考えるようになる人もいるでしょう。これが、「病気になって病人になる」ということです。

病人になってしまうと、ひとつもいいことはありません。ではどうすれば、「病人にならない」生き方ができるのでしょうか。一番の妙薬は、自分より辛《つら》い人、悩んでいる人、悲しんでいる人を探し出し、手を差し伸べることです。がんの患者さんでもいいし、虐待にあっている子どもやお年寄りでも構いません。ともかく、その人のために何かをすることです。

悩みは〝解決〟できなくても〝解消〟はできる

私は二〇〇八年、順天堂医学部附属順天堂医院に「がん哲学外来」を開設しました。がんと告知された患者さんが抱える「悩み」「不安」などを医師と語り合い、がんという病気を根本的に〝解決〟できなくても、悩みなどを〝解消〟する手立てとして開設したものです。これが各地に広がり、患者さん、医療従事者、教会やお寺・学校、自治体職員、市民などが自主的に、「がん哲学学校」や「メディカル・カフェ」を主催するようになっています。

私自身、ここまでの展開を予想していませんでした。うれしいというか、少しびっくりしているのが正直な感想ですが、それだけ現代の医療では手を差し伸べられない隙間の部分が広がっていたということなのでしょう。医師の仕事はあまりに忙しく、一人の患者さんに長時間向き合うことができないのも現実です。

悩みを解消するとは、一体どういうことなのでしょうか。

がんによる悩みの優先順位を下げるということです。「そんなことは無理。がんのこと、死ぬかもしれないという悩みが、頭にこびりついて離れない」と反論されるかもしれません。しかし、悩み事より楽しい時間があったらどうでしょうか。悩みを共有できる仲間がいたらどうでしょうか。

メディカル・カフェに参加される患者さんの中には、「月一回のカフェに行くのが楽しみ」という方も多く、月一回では飽き足らず各地で開かれるカフェをめぐる方も少なくありません。カフェは数人がひとつのグループになって語り合う形式になっていますが、この対話の楽しさや安らぎが、悩みというマイナスを小さくするのです。

悲しみも悩みも消えません。しかし、変わるのです。体にのしかかった重い石を、ポケットに入るほどの小石にすることはできますよ。

活力のループ

誰かを元気づけようとすれば、
あなたが元気づけられる。

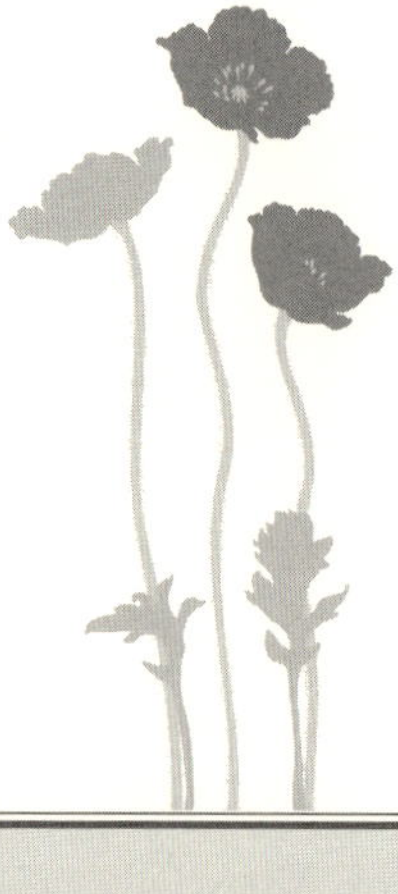

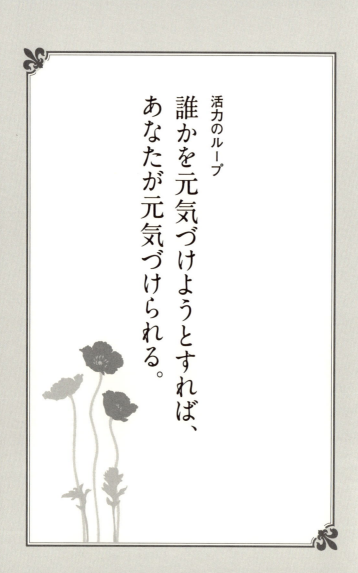

沈めば沈むほど、浮力は大きくなっていく

メディカル・カフェに集《つど》う女性たちの行動力、団結力にはただただ感嘆するばかりです。そんな女性たちには、私が月数回出演している『日曜患者学校　樋野興夫の「がん哲学学校」』（毎月第一日曜日　ラジオＮＩＫＫＥＩ）に、生徒さん役として参加してもらっています。

その中のお一人である看護師の女性が、こんな話をしてくれました。

彼女は母親と叔母を乳がんで亡くし、寝たきりの父親も亡くなった直後に悪性リンパ腫の再発に見舞われました。「二十五年の看護師体験があり、しかも母子家庭だっただけに、自分の辛さを誰にも言えなかった」と当時を振り返ります。

人生を呪《のろ》うほどに思い悩んでいるうちにウツ状態になり、自殺未遂寸前まで追

い込まれたそうです。そこで、すがったのが〝黄金の藁《わら》〟。つまり、「藁にもすがる」思いから、いろいろな神様に救いを求めたのですが、効果はありませんでした。

浮き上がるときは底が深ければ深いほど、浮力も大きくなります。彼女にとって浮力になったのが、「メディカル・カフェ」との出会いでした。仲間たちとの交流の中で、ご自分が果たすべき役割を探し求めるようになったのです。

私はある機会に、彼女にアドバイスしました。

「あなたはがんで母親を亡くした遺族であり、ご自身もがん患者であり、しかも看護師です。果たす役割はきっとあります」

彼女は今、がん哲学外来ナース部会の仕事をやりながら、看護師だけでなく多くの医療従事者などに、がん哲学外来やメディカル・カフェのことを伝える役割を果たすようになりました。彼女はがんという病気をきっかけに、生き方を変えたのです。

困っている人を必死に探し、手を差し伸べる

聖書に、「よきサマリア人」のたとえが出てきます。これは有名なたとえですので、みなさんもご存じかもしれませんが、簡単に紹介します。

エリコ（旅人の休息地）からエルサレムに向かう旅人が強盗に襲われ、助けを求めることもできないほどに痛めつけられました。そこに通りかかったユダヤ教のエリート層である祭司とレビ人は、同胞のそんな姿を見ても知らんふりして通りすぎます。その一方で、通りかかった異邦人のサマリア人は、ためらうことなく彼の傷の手当を手際よく行なったうえで近くの宿屋に連れて行き、主人に銀貨二枚を渡して介抱を頼みます。そして、「もし、お金が足りなければ、帰りに寄ってお支払いしますから」と告げます。

当時、サマリア人はユダヤ教徒から激しい差別を受けていました。しかし、そのサマリア人の旅人は差別する側のユダヤ人に、「そこまでやるか」と思うほど、

あたたかい手を差し伸べたわけです。

このたとえ話をもって、イエスは聴衆に問いかけます。

「誰が旅人の隣人か？」と。

さて、私たちはどうでしょう。よきサマリア人になれるでしょうか。がんの患者さんに限りませんが、このサマリア人のように、「偉大なるお節介」することこそが、困った人に寄り添う道だといえます。

「偉大なるお節介」をするためには、ぼんやりとしていてはいけません。どこかに困っている人はいないか、必死に探し、手を貸してあげるのです。

このお節介はあくまでもお節介ですから、見返りを求めてはいけません。

他人のために無条件で役立つ振る舞いは、それだけで人間として高尚です。また、人の役に立つことを使命にするなら、あなたの個性は完成に近づきます。無形の見返りかもしれませんが、これほどの恩恵はありません。

自分の役割を見つける

たとえ〝黄金の藁《わら》〟にすがったとしても救われるものではない。

すがる藁を探すのではなく、人とのつながりを求めたほうが自分の役割を見つけることができる。

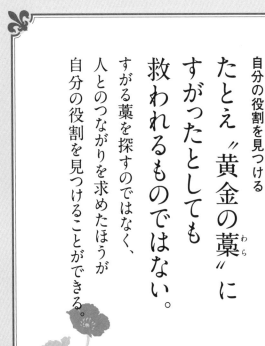

尖《とが》った正論より、あたたかい配慮

私は今、各地で開催される「がん哲学学校」や「メディカル・カフェ」にゲストとして招かれることが多くなり、さらに「がん哲学外来」を開設した病院への出張やさまざまな講演などもあります。暇《ひま》げな風貌はそのままなのですが、あまりにも忙しいのは困りものです。

こんな私に、励ましのメールが届きました。

「樋野先生は今年も寅《とら》さんですね。フーテンではありませんが、寅さんの独特の軽さ、優しさ、親しさ、他人への思いやりで全国を駆け回ってください」

渥美清さん演じる「フーテンの寅さん」と生き方が似ているというなら、私は喜んで受け入れます。寅さんはメールの送り主さんが言うように、「偉大なるお節介」人間のモデルみたいな人ではないかと思っているからです。時には、「余計なお節介」に見える場合もありますが、相手はいつも寅さんに感謝して去っていきます。それは寅さんのお節介に私欲がなく、ひたすら相手のことを慮《おもんぱか》る姿勢で貫かれているからでしょう。自分がどうなるかは後回《あと》しにして、相手の悲しみや苦しみに黙って寄り添うのが寅さん流です。

映画の中で寅さんは、こんなセリフで私たちに問いかけます。

「ああ生まれてきてよかったと思うことが何べんかあるじゃない。そのために人間生きてんじゃねえのか」

グッときますね。

朝日新聞の「ひとこと」欄に、実に素敵な投書が掲載されていました。

投書の主は、杖をつくようになった七十六歳のご婦人です。近くのコンビニに入ろうとしたところ、金髪の若者がドアに寄りかかり、スマホに夢中になっていました。「今時《いまどき》の若い人は、あんなものに夢中になっているのか」と思いながら店に入ると、若者はスッと店の奥に入っていきます。そこでご婦人は、ハタと気づくのです。「彼は杖をついた私のために、手動のドアをさりげなく開けて待っていてくれたのだ」と。買い物をすませると、今度はレジの若い女性がドアを開けてくれました。

ご婦人は、自分が元気だったころには味わえなかった幸福感に満たされました。そして、「これまで自分は、誰のお世話にもなっていない」という傲慢《ごうまん》な気持ちを持っていたと正直に告白し、「私の気づかないところで、大勢の人がいてくださることに気づいた。衰えるのもまんざらではない」と締めくくります。

若者は杖をついたご婦人にさりげなく寄り添い、ご婦人は、「衰えるのもまんざらではない」ことに気づくわけです。若者も若い女性も、そしてご婦人も、同志社の創始者である新島襄の言葉を借りれば、「行ないの美しい人」です。そして美しい行ないは人を動かし、変える力を持っています。

私の気持ちまで清々《すがすが》しくなる、とてもいいお話でした。

寄り添う心

支えようと思うと
心身ともに負担がかかる。
しかし寄り添うのなら、
相手も自分も
静かな幸福感に満たされる。

相手が受け止めた言葉が、あなたの言葉になる

世の中では、「偉大なるお節介」より「余計なお世話」という言葉のほうが広く流通しています。それだけ、余計なお世話をする人が多いのでしょう。余計なお世話とは、相手のことをまるで考えずに、自分の気持ちを優先させた振る舞いです。対して偉大なるお節介は、相手の気持ちや状態を慮り、共感してそっと寄り添い、あるいは適切な言葉を贈ることです。

病院にお見舞いに行ったとき、どんな言葉をかけるのがいいかと相談されることもありますが、これはいちがいには言えません。ただ、「あら、元気そうね」と「頑張ってね」には、不快感を催《もよお》す患者さんが多いように見受けられます。まあ、あまり肩を張らずに余計なことを口走るより、辛そうな顔をして黙ってベッ

ドサイドに座り、お茶でも飲んでいればいいでしょう。ただし、黙ったままでも苦痛にならない品性のようなものは必要になりますが。

言葉は確かに人を傷つけることはありますが、人を救うこともできます。

人と向き合うとき、人を傷つける「好奇心」のレベルから、「関心」にレベルアップさせましょう。すると、相手に必要なものが見えてきます。

いったん口に出した言葉は、二度と自分の口に戻ってこないことも知っておいてください。「口は禍《わざわい》の門」という格言がありますが、これはブッダ（お釈迦様）もイエス・キリストも忠告していますから、人間は古代から言葉に頼りながら、言葉で痛い目にもあってきたのでしょう。本当に言葉は油断がなりません。あなたの真意はどうであれ、「相手が受け止めた言葉が、あなたの言葉になる」ことも忘れないでください。

「そんなことは言った覚えがないのに」といっても後《あと》の祭りです。

ある養護施設の関係者の方のお話ですが、「アンタなんか、産まなければよかった」と母親に言われたその日から、言葉が出なくなってしまった子どもがいるそうです。言葉は処方箋になりますが、このように劇薬にもなります。

言葉を人の役に立つ処方箋にするには、自分の言葉だけでは足りません。私の場合、多くは新渡戸稲造、内村鑑三、吉田富三、勝海舟など、先人が遺《のこ》してくれた言葉を少しだけアレンジしたものを使っています。偉大なるお節介には、言葉も大切です。先人の言葉をじっくりかみしめ、場合によっては暗記して毎日のように口ずさむようにするといいでしょう。繰り返し口にすることで、言葉に命が芽生えます。そうなったら、確信を持って人前でえらそうに言うことです。その繰り返しが人生というものかもしれません。

往く言葉が美しければ、来る言葉も美しい

私は時間さえあれば細胞を観察する病理医ですので、「観察癖」がついていま

す。おかげで、外来で患者さんと向き合うと、その表情から心を読み取ることができるようになりました。患者さんの心の状態にふさわしい「言葉の処方箋」をするためには、そんな癖が役に立ちます。ピッタリの言葉をあげると、患者さんの表情はびっくりするほど変わりますので、私もその点は用心深く言葉を選ぶようにしています。

皆さんも人と出会うと、「この人は今日、暗い感じだな」とか気づいたりすることがありますよね。いいえ、ぜひ気づいてあげてください。それがその人に関心を持つということだからです。人は関心を持たれなくなると、どんどん落ち込んでいきます。無関心、無視は言葉を使いませんが、言葉を捨てることで人を痛めつけることになります。

その意味で、挨拶も大切です。「おはようございます」「こんにちは」と声をかけることは、相手を認めるというシグナルだからです。これも言葉の処方箋のひとつといっていいのではないでしょうか。

人のうわさ話や悪口も自分の品性を傷つける振る舞いですから、くれぐれもやめておきましょう。うわさ話や悪口は自分に無関係だから安心して言葉にするのでしょうが、それは間違いなくブーメランのように自分に戻ってきます。品性を穢《けが》すだけでなく、同じように言葉によって復讐されることになるかもしれません。

皆さんは、泥棒と悪口のどちらの罪が重いと思われますか。結論は悪口ですが、なぜでしょうか。日本の法律では泥棒は犯罪として裁かれますが、悪口はよほどのことがないかぎり、無罪放免です。しかし実際には、泥棒に入られれば悔しい思いはするでしょうが、命までは奪われません。しかし悪口は、時に人の命を奪うこともあります。だから悪口のほうが罪は重いといえるのです。

「往く言葉が美しければ、来る言葉も美しい」という格言があります。美しい言葉を向ければ、相手からも美しい言葉が戻ってきます。悪い言葉、邪険《じゃけん》な言葉には、同じような言葉があなたに突きつけられますから、気をつけましょう。

言葉の重さ

余計なお世話よりも
いけないのが、
相手への無関心。

自分を優先した言葉は、人の心に響かない

言葉の処方箋は治療費無料、効能一〇〇パーセント、副作用はなしで、しかも賞味期限は無限です。

言葉ひとつで、人の気持ちは変わります。コツは、自分の気持ちだけで語らないこと、傾聴に偏《かたよ》りすぎないことです。よく、「人の話を聞くことが大切」といわれますが、聞くだけでは処方箋にはなりません。対話をしないと、相手の尊厳には手が届かないからです。

聞くだけ、話すだけでは、言葉の処方箋が毒薬にもなりかねません。

「メディカル・カフェにはいろいろな方が集《つど》いますので、自分のことばかりを考えてはいられない。言葉も選ぶようになりました。カフェ効果だと思います」

これはカフェに、何回も参加されている方のつぶやきです。

自分のことばかり考えた言葉は、人の心には届きません。カフェに集う人々は、がんの部位やステージ、生活環境や仕事もバラバラであることが普通ですから、どうしても人のことを考えながら対話をすることになります。すると、背筋は自然にピンと伸びてきます。まず人を優先するという基軸ができるからです。

一方的に語るのはご法度《はっと》ですが、傾聴するばかりでも言葉が処方箋にはなりません。どうしても、対話が必要です。優しさにあふれた言葉のやりとりこそが、人にも自分にも気づきと救いをもたらしてくれます。

ひとつの裏話を紹介しましょう。なぜ私が「がん相談外来」ではなく、「がん哲学外来」というネーミングにしたかと言えば、患者さんが欲しているのは相談もあるでしょうが、生き方や心の悩みを訴える場がより必要かと思い、いろいろなものを包み込むことのできる「哲学」という言葉を採用しました。「がん＋哲学」を一緒にしたところが、ミソと言えばミソ。生＋死＝命という図式を反映したかったとも言えますし、よく分からないのがいいとも思いました。

対話の重要性

聞くだけ、話すだけでは、
言葉の処方箋に
ならない。

あなたは、どこにいますか？

がん哲学外来には、さまざまな方がやってきます。どんな事情を抱えた人でも、私の対応は同じですが、処方する言葉は異なります。

あるとき、自殺未遂をした男性が憔悴《しょうすい》し切った表情で部屋に入ってきました。自殺未遂に至るまでのお話をされましたが、私はいつもの暇げな顔で聞きながら、この人は何を求めているのだろうかと考え続けていました。

そして私は、ひとつの言葉を贈りました。

「大変でしたね。だけどあなたには、仕事よりはるかに大切な仕事が残っていますよ。死ぬという仕事です」

これは非常に効果がありました。うなだれ気味だった男性の顔が立ち直り、私を力のこもった視線で見つめます。しばらくいろいろな話題を語り合いましたが、部屋を退出するときの男性の風貌は、一時間前の入室時とはまったく異なっていました。私に限らず、ひとつの的確な言葉を贈ることによって、相手の風貌はあっという間に変わるものなのです。

がんの告知を受けて、精神の安定を失った女性がいます。この女性には、「あなたは、どこにいますか」という質問の言葉を処方しました。この言葉は、聖書の「創世記」に登場するエデンの園《その》で、罪を犯して身を隠したアダムとエバに神が問いかけた言葉です。これは人類史上初めての「問いかけ」と言ってもいいでしょう。

神は、「あなたの役割と仕事は何か」と問いかけたのです。

私も女性に、「あなたには役割があるのではないですか」と語りかけました。

女性の表情が、とたんに生き生きとしてきました。彼女は今、哲学カフェのスタッフとして精力的に働いています。

あなたの役割とは？

あなたにはまだ、
死ぬという
大切な仕事が残っている。

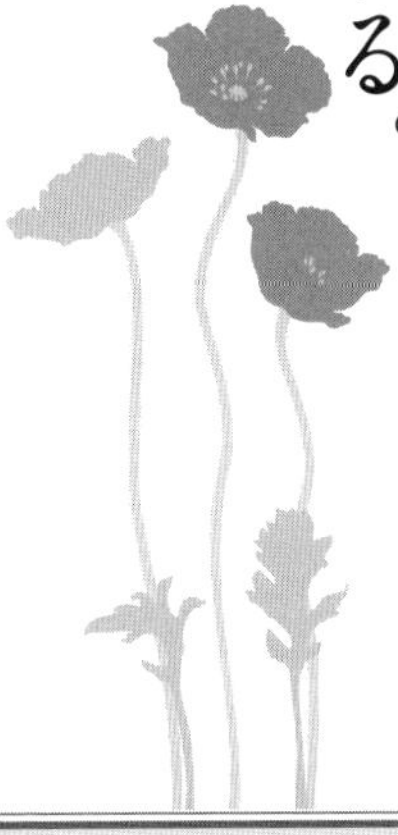

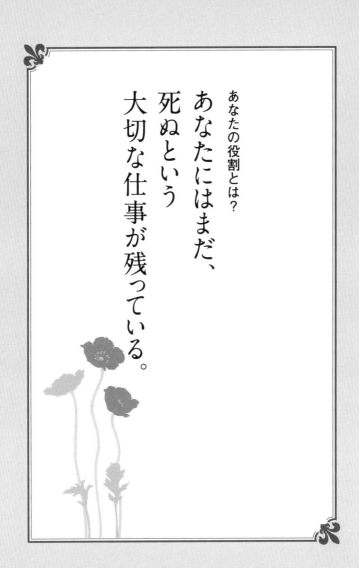

まとめの言葉

空っぽの器を用意し、
集《つど》う人が自分で水を汲んで入れることが
できるようにしてあげましょう。
その水が、
あなたの心も満たすことになります。

第二章

奪い合えば不足するが、分け合えば余る

真の豊かさとは何かが分かる、 気づきの言葉

勝負に勝って多くのものを得ても、それ以上のものを失うこともある

私は島根県に生まれました。病院が一軒もない村でしたから、家の近くにオシャレな公園などはありません。遊び場といえば、まわりの山や海。結構飛び回っていましたが、スポーツ自体はそれほど好きではありませんでした。遊びは好きでしたが、運動会の徒競走のような競技になると、まるでやる気が起きないのです。世の中は今、マラソンブームのようですが、もちろん長距離走も好きではありませんでした。

子どもですから気づいてはいなかったのでしょうが、どうも私は先天的に人と競うこと、人と何かを比べることが嫌いだったようです。その性癖は、歳《とし》を重ねるほどに強くなってきたかもしれません。

競い合いで人に勝つために、それこそ骨身を削《けず》るように動き回っている人もいます。それが信念なら仕方ありませんが、そのような生き方を続けていればどうなるのでしょうか。

稼ぎ次第で収入もどんどん高騰する外資系の金融マンの間で、こんなブラックジョークがあるそうです。

「三〇歳で家は建つが、四〇歳で墓も建つ」

怖い話ですが、本当に似たようなケースがあったのだろうと推測されます。

人の命と比べれば、「勝って美酒に酔いしれる」ことなど、あまりにも些細なことだと思わざるを得ません。

ある会社の創業社長が、印象的な言葉を残しています。

「勝利の美酒は、他人のグラスの中にあるから美味《おい》しそうに見える。私のグラスに注がれた酒は、いつも苦い」

このように自分を見つめている「勝者」であれば、「敗者」の気持ちも慮《おもんぱか》ることができるでしょうが、ほとんどの勝者は敗者を振り返って視線を注ぐことはありません。そして、多くのものを得た代わりに、それ以上のものを失うことになるのです。

たくさんのご遺体が、「人間はみな同じ」と教えてくれた

勝つためにどんな努力をしようが、病気は万人に平等です。精力的な政治家であろうとお金持ちであろうと、がんになるときには、がんになるのです。がん細胞は、「人間はみな同じだよ」ということを、私たちに教えてくれているのかもしれません。

私は病理解剖医から出発しましたので、たくさんのご遺体と向き合ってきました。生後間もない赤ちゃんもいれば、お年寄りも若者もいる。しかし私の目の前

に横たわるご遺体は、すべて平等です。人に差をつけようと一生懸命やってきた人と、のんびりと「わが道」を生きてきた人のご遺体に差はありません。

ある映画の中でのセリフですが、印象的で、ふと噴き出した言葉があります。

「社会的にどんなに貢献した人でも、その葬儀の参列者数は天気で決まる」

人と比べることの虚《むな》しさを、私はたくさんのご遺体から教えられました。

陸上競技のトラックを走るときは一番外側のレーンを選び、一周遅れになってても自分のペースで回り、先頭に立ったら観客席に向かってにこやかに笑い、手でも振っていればいいのです。

私の暇げな風貌は、こんな「走り方」から作られたものです。

人生、あわてることはありません。しかし、あまりのんびりしていると人生は終わってしまいます。他人と一周遅れの先頭に立つくらいが、ちょうどいいのではありませんか。

競うことの虚しさ

人生は
一周遅れの
先頭に立つくらいで、
ちょうどいい。

「奪う」と「分け合う」の差

ある芸人さんが、母親の思い出を語っていました。子どものころ、自転車を買ってもらい大喜びで走り回っていたところ、転んで自転車も壊してしまったことがあるそうです。叱られるのが怖くて、なかなか家に帰ることができなかったのですが、あたりも暗くなったので恐る恐る家に戻りました。そして、家の前で子どもの帰りを心配顔で待っていた母親から、こんなふうに叱られたそうです。

「いいかい。お金で買えるものはなくなったっていい。でも、お母さんを心配させるのは取り返しのつかないことだよ」

芸人さんは今でも母親のその言葉を覚えているだけでなく、「人生の杖」のような役割を果たしていると話していました。母親は、子どもの心に言葉の種をまいたのです。素晴らしい処方箋をプレゼントした、偉大なるお母さんです。

競争とは、人から何かを奪うことです。奪うものはたいてい、目に見えるお金だったり家だったり、名誉の椅子だったりします。しかし本当に大切なのは自転車ではなく、お母さんの心なのです。

本当に大切なもの、たとえば夫婦愛、家族愛、友情、人生観、使命感などはお金では買えませんし、目にも見えません。そしてこれらは、奪い合うものではないのです。分け合うことで余力や余裕が生まれ、暇（日間）も生まれます。奪い取れば恨《うら》みを買いますし、奪い取られれば恨むこともあるでしょう。こんな余計なことに神経を使わなくなれば、もっと人の役に立つことに時間を使えるようになります。

戦争中、東京から長野県に学童疎開した経験を持つお年寄りから、こんなお話を聞いたことがあります。

「食糧難で、いつも空腹でした。農家の同級生の『銀シャリ弁当』が羨《うらや》ましくて仕方なかった。死にそうなほど空腹になると、三人の級友の弁当を三分の一ずつ盗み食いしたものです。社会人になり疎開先の同窓会に出て分かったのは、彼らはみな、それを知っていたことです。私が『犯人』であることなど一目瞭然だったにもかかわらず、彼らはそれでも黙って食べさせてくれた。その優しさを知って、私は涙がとまりませんでした」

どんなにお金を積んでも、この級友たちの優しさを買うことはできません。

憎しみが共感すると敵意になる

医師同士、看護師同士でも競争はあります。それが進歩につながることも事実ですが、あまり勝ち負けにこだわると、またもや奪い合いになりかねません。その点、違うお仕事の方や患者さんとの交流であれば片意地を張らず、競争意識も持たずにすむので、心に余裕が生まれます。

それぞれが持つ役割や使命感などを聞けば、曲がっていた背筋がピンと伸びるチャンスもあるでしょう。がんで休職した看護師さんが、「元気なうちは勤務状態が不規則でしたが、休んでいると子どもたちに『いってらっしゃい』『お帰りなさい』といえるのが、母親としてちょっとうれしかった」と話されていましたが、その言葉に共感される人も多かったはずです。このような率直な話ができるのも、異なった立場の方々と交流することの素晴らしいところといえます。

家族ですら、それぞれを比較して嫉妬や憎しみを覚えることも少なくありません。関係が近いことは親愛も深い一方で、嫉妬心も深いものになるのでしょう。嫉妬心が高じて互いの憎しみが共感すると、激しい敵意が生まれます。最近、家族間の悲惨な事件が多いようですが、そんな敵意が暴走したひとつの結果と見ることもできます。

ある遺伝性の難病に見舞われた妹さんが結婚している兄のことを心配して、「兄が発病しないことを心から祈っています。彼には家族がいるから。発病したのが、独身の私でよかった」と言っていました。この妹さんの嫉妬することすら忘れている凛《りん》とした言葉に、私は品性の高さを覚えます。

分かち合う心

大切なものは目に見えない。
人は目に見えるものを
奪い合っている。

人の子を一生懸命ほめることが、わが子の品性を育てる

ある女優さんが、何かのインタビューで語った言葉に感動を覚えたことがあります。幼稚園の演劇会で、白雪姫を演じたときのことです。

「父は、『魔女の女の子がすごい。悪役を上手にやることは魅力的なことなんだよ』と、私ではなく、その子をほめるんです」

女優さんですから、小さいころから魅力的だったのでしょう。そんなわが子が主役に抜擢《ばってき》されて、嬉しくない親はいません。

父親は悪役を演じた子どもを、それこそ歯を食いしばってほめたのかもしれません。主役と脇役、善玉役と悪玉役を比較して娘が自慢したり過信したりすることへの戒《いまし》めだったとも考えられます。父親のこのような言葉の処方箋が、子ども

の品性を磨くのです。自分の子どもを猫可愛がりするのはいいですが、「過剰の愛は、愛していないのと同じ」ともいえます。

もう、人と比較することを繰り返すような人生はやめましょう。

人間は鳥のように空を飛べませんし、鳥は人間のように言語を語ることはできません。そのどちらが優れているのかを比べたりするでしょうか。鳥は人のように言語を語ることを、別に不満には思っていないはずです。しかし人は、空を飛べないことに不満を覚えるのです。もちろん、この不満が「飛行機」という便利な乗り物を開発する力にはなったのですが。

人と比べて勝てば傲慢になり、負ければ卑屈になり嫉妬や憎しみを覚えるようになってしまいます。どちらにしても品性を穢《けが》すことになるだけです。

ほとんどの悩みの原因は、人と比べるという欲にあります。そのような欲は捨ててしまいましょう。

他人との比較

隣の家がどんなに大きくても、
自分の家が
小さくなったわけではない。

どうにもならないことには、
興味も期待も抱《いだ》かない。

現在が不幸だからといって、過去が幸せだったわけではない

「あのころはよかった」

よく聞くセリフですが、では「あのころ」が、本当によかったのでしょうか。たとえばあなたは、一年前の幸せ事や悩み事を思い出せますか。はっきりとは思い出せないのではありませんか。つまり、それほど人の記憶とは曖昧《あいまい》なものなのです。それほど人は変わるものなのです。

人生は確かに「思い出作り」という面はありますが、現在と過去の自分を比べることは、あまり建設的とはいえないでしょう。たとえば元気に生活していたころと、がんという病気に見舞われた今を比べれば、過去をなつかしく思う気持ちは分かります。確かに、「あのころはよかった」のかもしれません。しかしそれ

は、本当でしょうか。もしかすると、がんを契機に新しい人生を踏み出した今のほうが、はるかによい道を歩んでいるのではありませんか。

私は自分の心の悩みについて、一日一時間だけ考えるようにしています。あとの二十三時間は眠っているか仕事に没頭しているか、他のことを考えています。多くの人は一日中、自分のことや悩みを考えているのではないでしょうか。

疲れたときこそ、私は自分の役割、使命を考えます。何より、「自分に専念する」ことが、ウツにならない特効薬です。専念すれば、人と比較する時間もなくなります。人生に期待するのではなく、人生から期待されていることを忘れないでください。

あきらめるのも簡単、過去をなつかしんで悔やむのも簡単ですが、あなたは簡単な存在ではありません。あなたの人生は、消しゴムで消せるような簡単なものではないのですから。

過去の自分との比較

人の記憶は曖昧。
過去をなつかしむよりも
今に専念することで
役割、使命が見えてくる。

人に譲るだけ譲る、そうすれば、「暇＝日間」ができる

私たちのほとんどは、いずれは何らかの病気で亡くなります。いわゆる老衰も、多臓器不全といった病気で亡くなることに変わりはありません。そのような中で、日本ではがんで亡くなる人が三分の一を占めるほど多いですが、医学の進歩によって、がんは不治の病ではなくなりつつあります。特に早期がんであれば、その治癒《ちゆ》率は格段に高くなります。ただしがんは、働き盛りの人に巣食うことも多く、それが悲劇的なケースを生む場合も多いようです。

私はこれまで三〇〇〇人以上のがん患者やご家族と面談してきましたが、がんと診断されると希望を失う人が多いのは事実です。そんな方には、「人生に期待するのではなく、あなたは人生から期待されているのですよ」という言葉の処方

箋をお伝えすることがあります。では、人生から期待されていることとは、一体何でしょうか？　いくつかあげてみます。

「ゴミの中に宝物が隠されている。その宝物を探しに行きましょう」

「人に譲るだけ譲る。そうすれば暇、『日間』ができます。日間を作りましょう」

「自分の能力を独り占めするのではなく、贈り物をするつもりで快《こころよ》く人のために使いましょう」

ここでは、「人に譲るだけ譲る」について、少し詳しく見ていきます。

仕事をしている人の中には、予定表がぎっしり詰まっていないと不安になる人も多いそうです。仕事を抱え込んでいる状態でないと安心できないということでしょう。イタリアに、「忙しすぎて死んだ人間は多いが、暇すぎて死んだ人間はいない」という格言があります。いかにも陽気なラテン系らしい格言です。

私の場合、人ができる仕事は相手の事情が許す限り譲るようにしています。譲るだけ譲ると暇＝日間ができてあたたかい光が射し込み、自分にとって本当に大切なものだけが残ります。そうすると自分の役割も見えてきて、役割を果たす余裕もできるのです。

人を助ける力も必要だが、人に助けを求める力も必要

こんなふうに言った、がん哲学外来の患者さんがいます。

「五年前に発症したとき、自分で何かできることはないかと思った。だけどがんの専門家ではないので、お手上げ。病気のときほど、自分でできることは限られてくるものなのですね。それなのに自分でやろうと思って、右往左往《うおうさおう》するばかり。だけど、あるとき気づいたのです。全部任せてしまえばいい。私ができないときは、人に任せる。すると、自分よりはるかに上手にやってもらえることが分かった。これまでは随分と小さく生きてきたように思います。『いらないものを捨て

る』とは、こういうことだったのかと初めて気づいたのです。自分の気持ちも分かってきました。自分のやりたいことも見えてきました」

この方は、人生に期待されている何かを見つけつつあるといえるでしょう。

譲るとは、自分が行なってきた何かを人に託すことでもあるのだと思います。面白いことに、人に託するようになると自分のなすべき役割が見えてきたりするのです。これも、日間ができたおかげといえるかもしれません。

人を助けるときには、タイミングを誤らないようにしましょう。早すぎても遅すぎてもいけません。また、助けを求めている相手の手を、挨拶で振っているなどと勘違いしないようにしましょう。そしてほめることが助けになるなら、歯を食いしばってでも、その人をほめ尽くすのです。

人生では、人に助けてもらいたいこともあります。助けを求めるのも、役割のひとつです。人に弱みを見せたくないなどと、強がることはやめましょう。弱さを補い合うのが、人としての役割でもあるのですから。

人に任せる知恵

自分以外のことに
関心を持つと、
やるべきことが見えてくる

小さな鉛筆で大きな役割を果たす

「私は世界中に愛の手紙を書き送る神の手に握られた、小さな鉛筆です」

これはインド・カルカッタ（現・コルカタ）で貧しい人たちのために生涯をかけた、マザー・テレサの言葉です。彼女がインドに設立した、「死を待つ人の家」「子どもの家」「平和の村」という三施設は、これからの医療共同体、在宅医療を考えるうえで大いに参考になるものです。そしてこれらの施設を立ち上げたマザー・テレサの「毅然《きぜん》とやる大胆性」「躊躇《ちゅうちょ》しない速効性」には多くのことを教えられ、励まされます。

「一人の子ども、一人の先生、一冊の本、そして一本のペンで、世界を変えることができるのです」

こちらは、「女の子にも教育を」と訴えたことが理由でイスラム過激派のタリバンに襲われ、九死に一生を得たパキスタンの少女マララ・ユスフザイさんが国連総会で行なったスピーチの一部です。マララさんはさらに、「弱さ、恐怖、絶望が死に、強さ、力、勇気が生まれた」とも語ります。

お二人の鉛筆とペンは大きな役割を果たしましたし、これからも果たすことになるでしょう。私たちにそれほど大それたことはできませんが、背丈に合った役割を果たすことはできるはずです。

「がん哲学学校」というのも開校されています。その生徒さんたちは以下のように、それぞれの役割を果たしているようです。

「若いがん患者も含めた婚活カフェを開催しています」

「社会企業家になって、がん患者やウツ患者の役に立つような製品やサービスを提供したい」

すばらしいですね。人から見れば小さな試みかもしれませんが、一人でも元気づけられることがあれば、役割は十分に果たしているといえるでしょう。

役割と使命

幸せはすぐに
絶望へと陥ることもあるが、
喜びは品性を磨く。

幸せを求めるのではなく、
喜びと希望を求めよ。

人に関心を持てば、寄り添うことが当たり前になる

私も参加したことがありますが、がん患者さんのベッドサイドで、いろいろな本を一〇分ほど朗読して聞いてもらうという活動をしている人たちがいます。今の病院では、残念ながら患者さんと会話する術《すべ》を知らない医師や看護師も少なくありません。これでは患者さんも、心を閉ざしてしまうことでしょう。

朗読など小さな行為だと思うかもしれませんが、患者さんにとっては大きな恵みになるようです。「この人は私のために時間を使ってくれている」ということが救いになります。関心を持ってくれることが喜びになるのです。

人は人で傷つくものですが、同時に生きる力ももらえます。

私の父親は九二歳で亡くなりました。八〇歳で発症した前立腺がんは積極的に

治療しましたが、九二歳で発症した肺がんは進行していたため、治療しませんでした。これこそ、私の癌《がん》研究所時代の恩師である北川知行先生が名付けた「天寿がん」であったと思います。離れて暮らしていましたが、私ができることは父に、そして父の人生に寄り添うことでした。

寄り添うことは誰にでもできます。寄り添えば、その人の痛みや悲しみ、苦しみを肌で感じ、共感することができるようになります。

私は最近、小学生や中学生にもがん哲学のお話をするようになっています。がんはどうすれば治るのか、患者さんとはどう付き合えばいいのかというお話をするのですが、大人用のスライドをそのまま使うようにしています。私は命の大切さを伝えるのですが、小・中学生は大人顔負けの質問をしてきます。命に寄り添うことの大切さを、子どもたちは何となく理解してくれているのではないかと思っています。

マイナス×マイナス＝プラス 算数の法則通りにいかないこともある

昨年、池袋に「帰宅中カフェ」というユニークな集まりが発足しました。多くのメディカル・カフェが平日に行なわれるため、会社勤めをしている人は参加しにくい面がありました。そこで夕方、会社帰りにふらりと寄ってもらおうというのが、「帰宅中カフェ」の目的です。

運営するスタッフは、多くのことを学んでいるようです。

「がんで辛い目にあっている人同士が語り合う。つまりマイナス×マイナスはプラスの状態になるはずなのですけど、そんなに簡単ではないことを知りました。ご本人がマイナスをどう思っているかによって、プラスになったりマイナスのままだったりするのですね。私はマイナスの人と話すときは、相手の目線に立ち、自分の気持ち優先で接しないようにしています」

それでいいのです。いつも○を求めていると×が怖くなります。たまには△でもいいやと思えば、気が楽《らく》にもなります。気が楽になれば、マイナス×マイナスがプラスになることを導き出せるようにもなります。

「同じ人でも前回はプラス発想だったのに、今回はマイナス発想になっていて、すごく困惑したこともあります」

それでいいのです。がんの患者さんの心理は、ちょっとしたことで変わるものだからです。

全国各地でカフェを主催しているのは、「偉大なるお節介」に努めている人ばかりです。見返りは求めないとはいうものの、時には心を痛めたり、自分の無力に悲しみを覚えて涙を流したりすることもあるようです。でも、心配は無用です。心を痛めた分、相手の方の心は楽になったはずです。流した涙の分、相手の方には少しかもしれませんが、笑顔が戻ったはずですから。

付き合い方

人は人で傷つく。
ただし同時に
生きる力ももらえる。

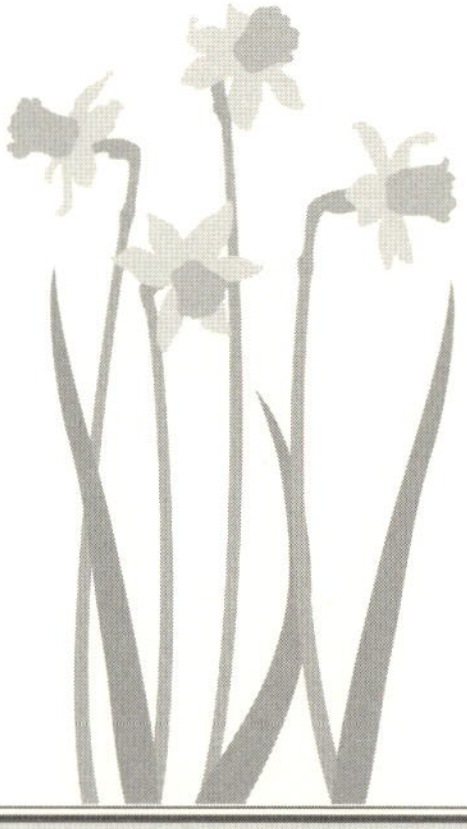

与えなさい。そうすれば、あなたがたにも与えられる

この言葉は聖書にあります。聖書には、「求めなさい。そうすれば与えられる」という言葉も記されていますが、ここでは「与える」ということについて考えてみたいと思います。

「与えなさい。そうすれば、あなたがたにも与えられる」という言葉の意味を誤解しないでください。ギブアンドテークをすすめているわけではありません。

医師の中には、患者さんに自分の携帯電話の番号を教える人もいるそうです。「いつでも電話していいですよ」と。これなら患者さんは安心ですけど、医師のほうは大変です。でもその医師は、患者さんに安心を与えるために自分の生活の一部を犠牲にしてもいいと決断したわけです。「与えるなら、相手が恐縮するほ

どに与える」という、確固とした覚悟のほどが感じられます。

与えるとは、自分そのものを与えること。誰もができることではないでしょうが、そのような生き方を求めることは誰でもできます。

では、何が与えられるのでしょうか。

凛とした品性と、崇高なる人生です。

人にたくさんのプレゼントを残す人は、喜びとともに人生の最期を迎えることができるでしょう。これに勝《まさ》るご褒美など、他にあるでしょうか。

自分の命より、多くの患者を救うことのほうが大切

エイズは現在、コントロール治療ができる病気になりましたが、二〇〇〇年当時のアフリカではエイズ患者が三〇〇〇万人もいました。そのうち治療薬を服用

できるのはわずか五万人。米国などの製薬会社の抗レトロウイルス薬の年間薬代は、一人一万ドルを超えていました。

一方で、同じ成分を含有したジェネリック薬は開発されていたのですが、特許権の壁があって自由に輸入ができなかったのです。

自身もエイズに感染した南アフリカの男性は、自身は薬代を負担できる立場でしたが、貧しいエイズ患者を救うための組織を立ち上げ、ジェネリック薬が輸入できるまで、「自分も服用をやめる」と宣言。当時のマンデラ大統領は服用するようすすめましたが、本人は決意を変えませんでした。彼は自分の命より、多くのエイズ患者を救うという信念を貫いたわけです。

この宣言は、無駄ではありませんでした。共鳴したある米国人から、抗レトロウイルス薬のジェネリック品を製造しているインドの製薬会社を紹介され、その会社の経営者は、「命と特許を引き換えにはできない」と、原価での販売を約束してくれたのです。薬価は一日分一ドル。大手製薬会社の抗レトロウイルス薬の四〇〇分の一の価格です。

この薬に希望を見出したウガンダの医師は、国の法律に違反することを承知で輸入しますが、逮捕されてしまいます。これらの動きに国際世論も大手製薬会社の貪欲《どんよく》なビジネスへの批判を強め、さらに米国の元大統領クリントンの財団が安価なジェネリック品の提供に乗り出すことになります。たくさんの人たちが鎖のようにつながった尽力により、治療を受けるエイズ患者の数は八〇〇万人に激増しましたが、それまでの数年間で一〇〇〇万人の命が奪われてしまいました。

膨大な犠牲者が出てしまったことは残念ですが、南アフリカの男性、インドの製薬会社の経営者、ウガンダの医師、クリントン元大統領などのアクションが救った命も膨大な数にのぼります。尽力した人々は、エイズに苦しみ明日をも知れぬ境遇にある人々に、一番大切な薬を与えたのです。それもある人は自分の命をかけて、ある人は刑務所に収監されて、ある人は利益を度外視して。与えるとは、このくらいの覚悟が必要だということなのかもしれません。

与えるという行為

信じられるより信じるほうが、
愛されるより愛するほうが、
与えられるより与えるほうが、
心は満たされる。

ブータンの算数の問題に見る譲り合いの精神

日本の教育は知識を取り、学歴を取り、いい会社やいい収入を取り、いい地位を取っていくことを目標にしているように見えます。それに対し同志社を創立した新島襄は、「徳育」を建学精神の中心に据えました。彼が言う徳育とは、「報酬をあてにせず、自分の労力、自分の時間、自分の能力を奉仕することに与える」と要約できるでしょう。

ヒマラヤの小さな王国ブータンは、国民総幸福量（GNH=Gross National Happiness）という哲学を実践している国です。GNHの基本政策は、「公平で持続可能な経済発展」「環境の保全」「文化の保護」「良い統治」で、これらが教育にも反映しています。

授業に二分間の瞑想《めいそう》が取り入れられているのもユニークですが、算数の授業では、「四個の卵のうち二個が盗まれた。残りは何個？」ではなく、「男性が四頭の牛を飼っていた。心優しい人だったので、生活に困っている娘に二頭を譲った。残りは何頭？」という問題になります。

奪い合ったり取り合ったりするのではなく、「譲る」「分け合う」という教育が行なわれているのです。

苦しみを分け合うと、喜びは二倍にも三倍にもなる

『状点』『塩狩峠』など、読者の心を打つ名作で知られる敬虔《けいけん》なクリスチャン作家である三浦綾子さんは、結核、脊椎《せきつい》カリエス、心臓発作、直腸がん、パーキンソン病など度重なる病魔に苦しみながら執筆活動を続けました。そんな三浦綾子

さんを支えたのが夫の光世さんです。体力的に筆を執るのが難しい綾子さんのために、綾子さんが口述したものを書き取るという難しい仕事に努めるだけでなく、日常生活でも支え続けたのです。

結婚前、病床にあった綾子さんに宛てた四通の手紙が見つかり、朝日新聞に掲載されました。その一通に、こうあります。

「堀田さん（三浦綾子さんの旧姓）の淋しさはどうなりました。私で出来る事なら何でもして上げたいと何時も思っております」と書かれています。

この手紙には男女の愛を超える崇高さを感じます。この言葉の通り、光世さんは綾子さんを支え、ご自分のすべてを与え続けました。綾子さんも作品を通じて、読者に多くのものを与え続けました。いろいろな悩みを抱えた読者が旭川の自宅を訪れれば迎え入れ、あたたかくもてなすことも日常茶飯だったようです。

三浦綾子さん・光世さんご夫婦は、まさに人々に多くのものを与え続け、多くのものをプレゼントして天に召されました。高尚な人生としか言いようがありません。

徳育のすすめ

自分の労力、
自分の時間、
自分の能力を
惜しみなく与える。

まとめの言葉

人に優しくされた人が、次の人に優しくする。
優しさをお裾分けすることで、
人はつながっていきます。
人に譲って列の一番後ろに立ったら、
そのまま振り返ってください。
あなたが一番前にいることに気づくでしょう。

第三章

人生を二度生きる

思いがけない出来事から立ち直る、活力の言葉

本当の希望は、苦しみにあった人にしか生まれない

病気は誰のことも差別しません。どんな生まれだろうとお金持ちだろうと、人は病気にかかります。ですから、それに耐えること、品性を磨くことが何より大切になってきます。病気を通して、私たちは品性を磨くことができます。

外見も知性も、生活水準も完璧な女性がいました。ただし、重い障がいのある息子さんがいたのです。同じ施設に子どもを預けている母親が、「あなたは、お子さんに障がいがなかったら、完璧な人生なのに」と思わず口走ってしまいました。するとその女性は、「いいえ。この子がいるから、私の人生は完璧になりました」と穏やかに答えたそうです。

これを品性というのです。もちろん、女性にも苦しいことや時期はあったはず

です。もしかすると、「なぜ、自分の子どもが」と思ったことがあるかもしれません。しかし、その苦しみを経て品性が磨かれ、子どもとともにあることに希望を見出したのでしょう。彼女は新しい人生に足を踏み出したといえるのです。

品性を磨くとは、性格を完成させることです。私たちにはそれぞれ与えられた性格があります。「性格」とは名詞ですから、良いも悪いもありません。それを「良い性格」にしていけばいいだけの話です。たとえば、短気というのは名詞です。感情的に怒る短気はいけませんが、正義のために怒るのは「良い短気」といえます。このように私たちは名詞の世界ではなく、形容詞の世界で生きているのです。

病気を通して品性を磨く。病気は不条理かもしれませんが、それに耐えて乗り切った人の品性は磨かれ、希望が生み出されます。そしてこの希望は、失望に終わることがありません。

小さな苦しみは愚痴を生みやすいですが、がんという大きな苦しみは知恵を生み出すからです。この知恵が希望のエネルギーになってくれるのです。

品性を磨く

小さな苦しみは愚痴を生む。
大きな苦しみは知恵を生む。
この知恵が
希望のエネルギーとなる

がんになると、太古の人間に回帰する

私は外来で患者さんを診《み》ることもありますが、患者さんの中には会社の経営者もいれば、大金持ちもいます。しかしがんになれば、いっぺんに普通の人になります。超合理的な人も死を見つめるようになる。生を愛《いと》おしくなる。つまり太古の人と同じようになるのです。

太古の人にとっては、太陽こそが命の支えでした。ですから、心の底から太陽に感謝しました。世界中で太陽信仰がさかんになったのは、このためです。

がんと宣告されると、人生の風景はこれまでとはまったく変わるものです。

しかし風景が変わっても、自分が変わるわけではありません。それが人生というものだと思うことができれば、素晴らしい体験があなたを待っています。たとえば、「イヤな人間、嫌いな人間」のことなど、どうでもよくなります。「出世や財産」などを人と比較することもしなくなります。比較しても、がんであることに変わりがないし、そんなことはどうでもよくなります。つまり世間の常識から解放され、自由になるのです。これが、がんになった人の「特権」と言えるでしょう。それまでの人生には終止符が打たれ、新しい人生がはじまります。古い葉は、新鮮な葉を迎えるために落ちるのです。

目標があれば、生きる希望を失わない

がん哲学学校の生徒さんやメディカル・カフェに集うサバイバー(がんを克服し、がんとともに生きる人)の人たちは、がんという病気と誠実に向き合いながら、「がんをきっかけに、新しい人生を生きよう」という希望を手にしました。

がん哲学学校やメディカル・カフェの集まりでは冗談が飛び交《か》い、笑い声と笑顔にあふれます。初めて来た人など、「これが、がん患者さんの集まりなの?」

と、びっくりされることも多いようです。

それぞれのサバイバーの中心に、希望という太い幹が立ち上がった状態です。果たすべき役割や使命を見つけ希望に満ちあふれているからこそ、がんから解放され、明るい笑顔も天からプレゼントされたわけです。ちょっとくらい風が吹いても枝と葉が揺れるだけで、基軸となる幹はびくともしません。

希望という太い幹はこれまで、過酷な運命に翻弄された実に多くの人々を救ってきました。

オーストリアの精神科医、心理学者であるユダヤ人ヴィクトール・フランクルも、その代表的な一人といっていいでしょう。彼はナチスによって強制収容所に収容され、その体験をもとに執筆した『夜と霧』は、世界で英語版だけでも九〇〇万部以上発行される超ベストセラーになっています。フランクルはいつガス室に送り込まれるか分からない絶望的な収容所生活を送りながらも、決して希望を失いませんでした。ともに収容されたユダヤ人は、激しい飢餓《きが》状態に追い込まれました。しかし、解放される希望と愛する家族と再会するという目標を持った人たちは、飢餓を乗り切ることができたそうです。反対に目標を失い絶望に苛《さいな》まれた人たちは、ガス室に送り込まれる前に飢餓に倒れていきました。

フランクルは父、母、妻を失いながらも連合軍によって解放され、戦後はウィーンの神経科病院に勤務し、人生を全うしています。

がん哲学学校のある生徒さんは、この『夜と霧』によって、絶望から立ち直ることができたと教えてくれました。

フランクルは、著書『それでも人生にイエスと言う』の中で、次のように書いています。非常に印象的で、胸にずしりと迫ってくる言葉です。

「人間はあらゆることにもかかわらず――困窮と死にもかかわらず、身体的心理的な病気の苦悩にもかかわらず、また強制収容所の運命の下にあったとしても――人生にイエスと言うことができるのです」(山田邦男・松田美佳訳、春秋社)

「それでも人生にイエスと言う」ことこそが、希望なのです。

新しい人生を歩む

古い葉は
役割を終えたから
落ちるのではなく、
新しい葉を迎えるために
落ちる。

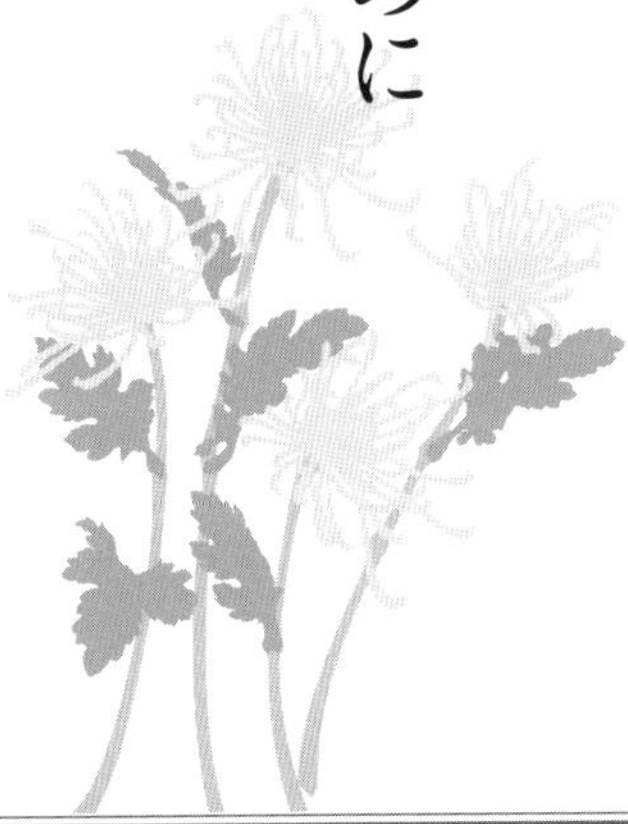

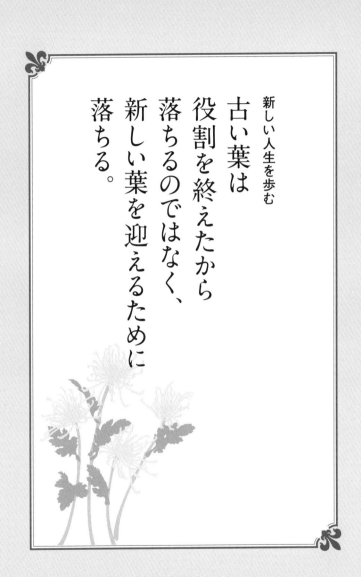

この世のほとんどは、人間の自由にならない

聖書には、「神は人が乗り越えられないほどの試練は与えない」とあります。人生では不条理なことによく見舞われますが、耐えられない苦しみが与えられないことは、私の経験からすると本当です。問題はそれに、いつ気づくかということなのです。

試練を乗り越えた人に与えられるのは幸せではなく、喜びつまり「Ｊｏｙ」です。この喜びは一生消えませんが、一方の幸せ（Ｈａｐｐｙ）はどうでしょう。幸せはシャボン玉のように、宙に舞い上がるとスッと消えてしまうものです。失えば失望、絶望へとつながっていきます。絶望とは前に進むという意志を捨てることですから、それからの人生は光を失ったもののようになってしまいます。

幸せばかりを求める人は、心配性です。過去の心配を心配し、今日の心配を心

配し、明日の心配を心配する。心配がないことすら心配するようになります。これは、幸せのはかなさを示しています。

人間の力でコントロールできない明日のことを心配するのは、人間の傲慢、過信といっていいかもしれません。たとえクローン人間を生み出すことができるようになっても、宇宙の彼方に人間を派遣する時代になっても、私たちは川のほとりに咲く小さな花ひとつ、新しく作り出すことはできません。

人の力が到底及ばないことは、及ぼすことよりはるかに多いくらいです。天気は予報できても、天気をコントロールするような力を人間は持っていないのですから。

でも、悲観することはないでしょう。人の力が及ばないことには敬意を払い、委《ゆだ》ねることです。自分の力ではどうにもならない事柄については、思い悩まないことです。悩みのほとんどは、「明日」に向けられたものです。しかし、明日何が起きるかなどは分かりません。分からないことを悩んでも、仕方ないのではありませんか。

委ねる極意

明日のことは明日が心配する。

人の力の及ばないことにあたふたせず、
悩まないようにしていればいい。

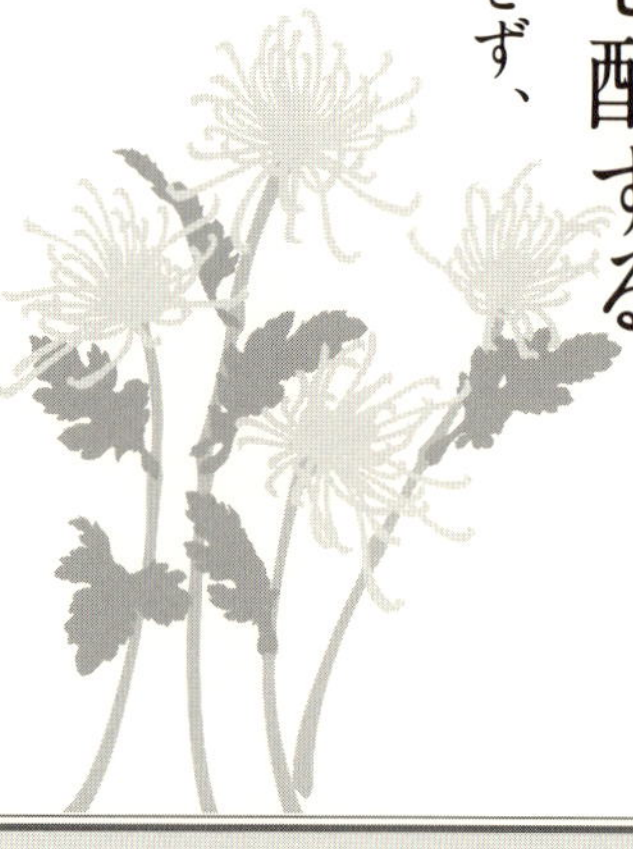

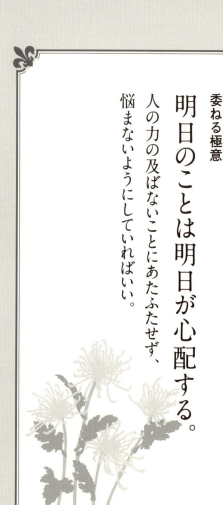

耳が完全に聞こえなくなったとき、名曲は生まれた

音楽家のベートーベンはドイツの宮廷音楽家である父親から厳しいピアノ教育を受け、十二歳のころから大人の音楽家と一緒に活動をしたほどの天才であり、ピアノの名手でした。貴族の援助を受けながら、「貴族は数多くいるが、ベートーベンは一人だけだ」と言ってのけるほど強烈な自尊心の持ち主でしたが、聴覚障害（難聴）という、音楽家にとっては致命的な病気を抱えていました。

一八世紀末に起きたフランス革命に共鳴していたベートーベンは、「階級で差別されない社会」を望み、音楽で世界を変えようとする強い意志を持っていたそうですが、難聴はさらに悪化、補聴器を利用しますが効果はありませんでした。

しかし、これからがベートーベンのすごいところです。木の棒の片方を歯にはさ

み、もう片方をピアノの銀盤に置き、その振動から音を耳で感じるようにしたというのですから。

完全に耳が聞こえなくなったとき、ベートーベンは世俗的なプレッシャーから解放され、音楽活動に没頭するようになります。つまり、難病という試練を乗り越えたことで、新しいベートーベンが生まれたと言ってもいいでしょう。その晩年に作曲したのが、日本で年末によく耳にする名曲「交響曲第九番」(第九)です。

この「第九」に付けられた歌詞にはドイツの詩人シラーの「歓喜に寄す」が用いられましたが、この曲の完成によって、ベートーベンこそが大きな歓びを得たのではないかと私は想像しています。

私が尊敬する一人、詩人の星野富弘さんは体育教師でしたが、宙返りの模範演技に失敗。頸椎損傷の重症を負い、首から下の機能がマヒしてしまいました。しかし、星野さんは絶望の淵に追い込まれながらも、九年間に及ぶ入院生活の間に、口にくわえた絵筆で水彩画、ペン画を描くようになります。これに詩を添えるようになり、「詩画」の第一人者となったのです。

星野さんの食事はいつも母の仕事でした。あるとき母の手元が狂い、食べ物が星野さんの鼻の中に入ってしまいました。激怒した星野さんは口の中の食べ物を母に吐きかけ、「産んでくれなければよかった」という言葉を投げつけてしまいます。母は涙を浮かべながら病室を出ていきましたが、その後も子どもである星野さんを看病し続けたのです。星野さんは、のちに書いています。

「神様がたった一度だけ――この腕を動かしてくださるとしたら――母の肩をたたかせてもらおう」

首から下が動かない状態でも、決して希望を失わなかった星野さんに、こんな名言があります。

「過去の苦しみが、後《あと》になって楽しく思い出せるように、人の心には仕掛けがしてあるようです」

苦しみを体験してきた人だけが到達できる、清々《すがすが》しい境涯といえるでしょう。

境遇を受け入れる

どんなに努力しても
一〇〇メートルを
五秒で走ることはできない。

不可能なことに挑戦するより、
今できることを取り組む。

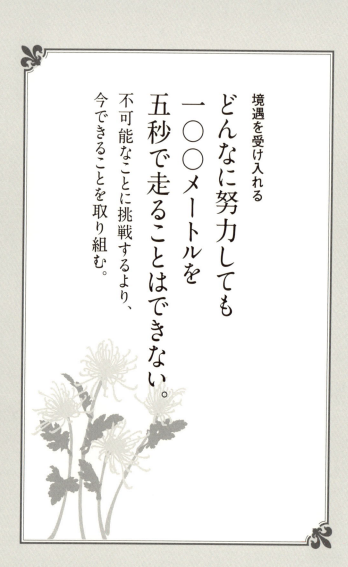

ともに味わう試練が、絆を強くする

がん哲学学校の生徒さんの話です。母子家庭で、娘さんは中学三年生で高校受験を目ざしています。いろいろと難しい時期ですが、診断の際の医師の対応が素晴らしいものでした。医師は娘さんにこう伝えたそうです。

「お母さんは悪性リンパ腫という血液のがんです。最初の一カ月は入院が必要だけど、その後は通院外来で治療できるよう私たちも努力するから、あなたたちも一緒に頑張ってくださいね」

患者さんにとっては、実に心強い言葉です。

娘さんの下に弟さんがいるのですが、インフルエンザで最初の一週間は母親の実家に移ったものの、残りの三週間は二人で家事や料理を頑張ってくれたそうです。

「退院後、薬の副作用で手がしびれてしまい、箸でお弁当の惣菜を詰められなくなったのですが、それも子どもたちが手を貸してくれて何とかなりました。本当に家族で乗り越えてきた。子どもも一緒に頑張ってくれたのだと思いますね」

母親ががんになったとき、家族が一致団結できることが理想です。このご家族は、がんによってより絆が強まったと言えるでしょう。

新聞紙上で、「夫源病《ふげんびょう》」について取り沙汰されています。夫が定年になって毎日家にいる生活になると、それまでの妻の生活リズムが壊され、それが原因でウツなどのストレス症状になるケースが急増しているようです。これを俗に、「夫源病」と呼ぶそうです。

当事者にとっては深刻なのでしょうが、がんという命と向き合う夫婦と比べれば、ままごとみたいなものと言えるかもしれません。もちろん、がんの試練に見舞われれば夫と妻の関係に波風も立ちますが、それを新しい夫婦関係のスタートにできるというチャンスも与えられています。試練のない夫婦には、解決を目ざすエネルギーが不足している場合が多いようです。

あるご夫婦の話をご紹介します。夫ががんを発症したものの治癒《ちゆ》して仕事に復帰。しかし、しばらく経って再発しました。ちょうど同じような時期に、妻に乳がんが見つかりました。そのときの心情を、夫は次のように語っています。

「自分のがんが再発したことより、妻のがんのほうが心配だった」

ここにはお互いを思いやる、美しい夫婦愛があります。

夫が家に居るからと不平不満を抱く妻、居て何が悪いと妻に反発する夫。このような二人が向き合う家庭に、夫婦に喜びはあるのでしょうか。

がんになるかどうかを、人はコントロールできません。しかし、発症後の生き方は変えられるし、夫婦関係を新しく築くこともできます。今まで以上にお互いを思いやる気持ちが生まれれば、「がんになったのも悪くないな」とも思えるようになります。もちろん、簡単なことではありませんが。

逆境を乗り越える

がんになることは決められないが、
がんになったあとのことは、
自分で決められる。

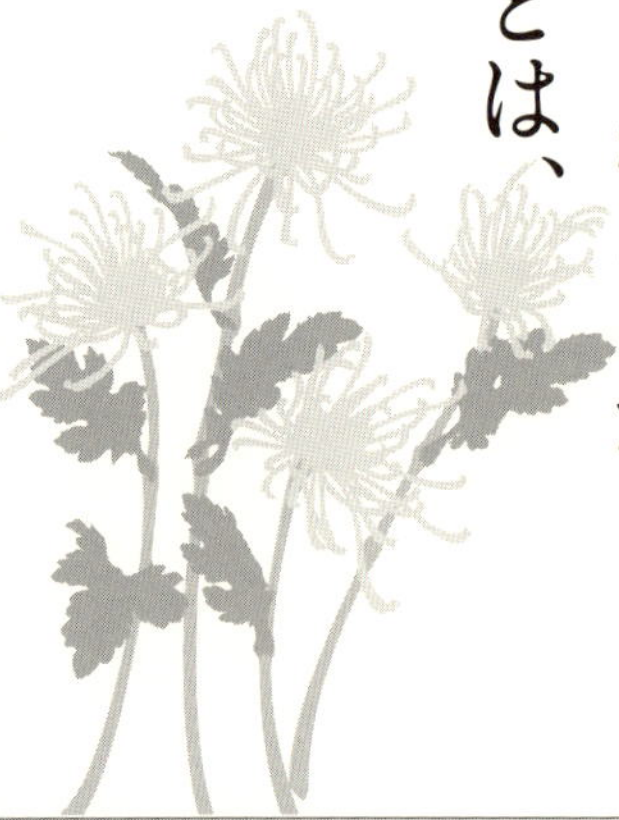

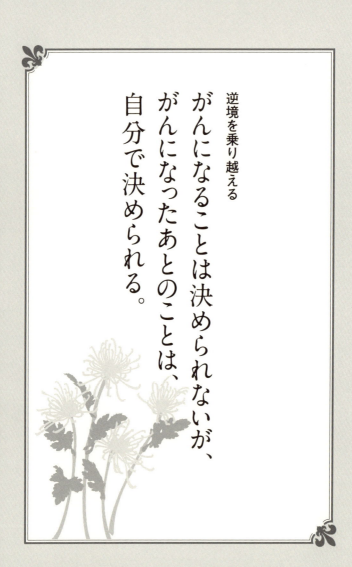

がんは、夫婦関係や家族関係を見つめ直す機会を与えてくれる

がんになって悩ましいのが、人間関係の問題です。私が、「がん哲学外来」を発足した二〇〇八年当時、患者さんの悩みはがんの不安、職場の人間関係の悩み、家庭内での人間関係の悩みが、ちょうど三分の一ずつくらいを占めていましたが、今でも特に家族との人間関係に悩む人の相談が多く見受けられます。

メディカル・カフェのグループ懇談会の中でも、夫婦関係の問題が話題にのぼることが多いようです。以下に紹介するのは、いずれも女性の発言です。

「私の場合、夫ががんなのですが、これまではお互いが実際に歩んできた道を、お互いに受け止め合う努力が足りなかったようです。ただ、多くの方々との出会いによって、お節介もやりようによっては、偉大なる振る舞いになることを知り

ました」

「一人であれこれ考える日が続きました。家族にも詳しい病状を話すことはありません。哲学外来も癒《いや》される時間でしたが、同じような体験をされているみなさんとこうして言葉を交《か》わすことが、一番の心の安らぎになります」

「カフェに出席することを夫から反対され、ケンカになりました。それでも、出席してとてもよかったと思います」

がん哲学外来でも、がんになった奥さんの悩みをよく聞かされます。中でも多いのは、ご主人の冷淡さについてのお悩みです。会社では立派なご主人でも、奥さんのがんと正面から向き合うことをしないし、できない。ここに問題があるのですが、ご主人はそれを問題とは考えていないところが、本当は大問題なのです。

そんな悩みを持つ奥さんに、私は言います。「次回、ご主人をここに連れて来られたらいかがですか」と。奥さんにとっては夫婦関係という、がんのことと同じくらい大きな悩みを抱えているのに、ご主人が仏頂面《ぶっちょうづら》をしている。ご主人が顔を見せたら私は、「せめて、夫婦ゲンカくらいはしてくださいよ」とアドバイスします。何も言わないよりも、はるかに奥さんを励ますのが夫婦ゲンカというものです。

人は自分に関心を持たれないこと、自分を無視されることに深く傷つきます。ケンカ仲間は実は仲がいいとよく言われますが、お互いに関心を持っているからこそ、ケンカにもなる。確かに仲がいいと言えるかもしれませんね。

病気になると、人の言葉や態度などが気になり、いろいろなことに敏感になります。だからこそ、健康なときには気づかなかったことに気づくことがあります。「夫婦仲」もそのひとつです。夫の心の冷たさ、妻の余計なひとこと。それなりにうまくいっていたと思っていた夫婦が、実はうまくいってなかったことに気づいたりもします。しかし気づいたことを、幸運だと思いましょう。夫婦関係や家族関係を見直す、よい機会にもなるからです。

夫の冷淡と妻の余計なお節介が、夫婦関係の障害となる

がん哲学外来で夫婦関係のお悩みを聞いていると、共通点が多く見受けられます。

がんになり、満足に家事ができなくなった妻に対して、不満を覚える夫というケースが多いですね。特にこれまで、料理や洗濯などの家事を妻任せにしていた夫ほど、その不満は高まります。もちろん夫も、がんになって大変な思いをしている妻を理解しなければと分かっているのですが、だんだんと苛々が蓄積され、つい冷淡な態度を取りはじめてしまうようになるわけです。

夫とすれば、心身を休めるはずの家に帰っても、妻に「辛い」とか「悲しい」とか嘆いてばかりいられれば、そのうちに残業を口実にして「帰宅拒否症」になったりもします。すると妻はさらに孤独感を募らせ、夫婦関係は深刻な悪循環に

陥っていくのです。

三〇年連れ添った夫婦の場合、夫に死なれた妻の平均寿命は二〇年、妻に死なれた夫の平均寿命は三年というデータがあります。男性がこのもろさから脱出するためには、衣食住のための仕事とともに、自分の生き甲斐を求める何かがなければならないようです。

妻の余計なお節介も、意外と深刻な問題です。

がんになった夫の気持ちを置き去りにして、テレビやネットで知った食事や健康法を無理矢理、実践させようとする妻が少なくないようです。ある男性は、「消化器系のがんを患っているのに、『これ食べなさい』『一生懸命作ったんだから！』などと言われる毎日に辟易《へきえき》しました」と言います。何とか体力を回復してほしいという妻の切ない思いを否定はできませんが、夫にとっては相当な負担になっているわけです。

夫は病状を客観的に把握しているのに、妻が心配ばかりしてあれこれと口出しをするケースも目立ちます。「親戚には病気のこと、言わないほうがいいかしら」とか、「入院費はどうするかな」などと、夫の苦しさとは直接関係しない「自分の問題」を聞かされていたら、夫の気持ちは萎《な》えていくばかりでしょう。

では、どうすればいいのでしょうか。

夫の冷淡と妻の余計なお節介に悩む人が多い一方で、「これまでより、少しだけコミュニケーションが深くなった」「死から逆算して考えるようになり、家族がものすごく愛《いと》おしくなった」「妻と家族に感謝しながら、これからを生きていく」といった人たちもいるのです。がん哲学学校の生徒さん、メディカル・カフェに参加する人たちはみな、よく笑います。

がんになってもがんのことばかりを考えるのではなく、何か人の役に立とうという希望が心を明るく解放しているようです。このあたりに、夫の冷淡と妻の余計なお節介の深刻な問題を解決するヒントがあるのかもしれません。

家族関係を見直す

家族の一人が病気になれば、
家族全員が病人のごとくになる。

誰でも病気になると、感情の襞《ひだ》が敏感になる。
伝える方法は何でもいい。
大切なのは、「あなたを思っている」
という気持ちを伝えること。

天から見つめて、自分を笑い飛ばす

がんに限らず、自分が抱えているもの、抱えるようになったものを拒むことはできません。それも個性のひとつだからです。不安に苛《さいな》まれているがんの患者さんに無理強《じ》いはできませんが、自分の姿を鏡だけで見ていると、そのうち鏡が悪いということにもなりかねません。家族も夫も妻も、あなたにとっては鏡なのです。あなたが深刻な顔をしていれば深刻に映り、笑えば笑うようにできています。

自分を俯瞰《ふかん》して見て笑える人は、ユーモアのある人です。それを面白く夫や人に伝えられる人は、どうにもならないことに思い悩んだりしません。自分が一番、自分が絶対などと過信していると、大切な鏡だけでなく自分までも歪《ゆが》んできます。

結婚や夫婦について、先人はユーモアたっぷりな「名言」を残しています。

「男は結婚によって女の賢を知り、女は男の愚を知る」（大正デモクラシーの論客

長谷川如是）

「まず結婚せよ。良妻を得れば幸せに。悪妻なら君は哲学者になるだろう」（ソクラテス）

「新婚の妻は食べてしまいたいほど可愛かった。あのとき食べときゃよかった」（評論家　青木雨彦）

夫婦ゲンカも、どんどんやってください。夫婦ゲンカのコツは、「勝たない、勝てない、勝ちたくない」です。夫婦ゲンカは、どちらかが勝とうとすると深刻になってしまいます。意味のない勝利より、価値のある敗北こそが知恵というものです。まだ子どもが小さいときは、夫婦ゲンカが微妙な影響を与えるかもしれません。

確かに、「這《は》えば立て、立てば歩め、の親心」と、子を思う川柳もありますが、家族においては、妻や夫より子どもを優先するべきではないと思います。父親が子どものためにできることで一番重要なのは、子どもの母親を愛することです。母親ができることで一番重要なのも、子どもの父親を愛することだからです。

夫婦はユーモアを忘れずに

家族は鏡。

深刻な顔をしていれば深刻に映り、
笑えば笑うようにできている。

人は生きてきたようにしか死ねない

がん細胞は、したたかな存在です。そのため、抹殺しようとすればそれに抵抗されることは十分に考えられます。人間とがん細胞のせめぎ合いは、今後も当分の間続くことでしょう。

ただ、がんの治療法は確かに進歩しています。がん細胞を狙い撃ちする抗がん剤や粒子線治療など、それなりの成果を上げているようですが、すべての症状に適応できるかというと、そう簡単な話ではないようです。

がん患者に限らず、誰でも死ぬのは決まっていることです。大切なのは、死から逆算して人生を生きることではないでしょうか。「人生」とは、「人とともに生きる」「人として生きる」ことですから、死に向かって下がっていくのではなく、最後の登り坂を上がっていく気持ちで、人間関係と身辺を整えましょう。

人は自分の寿命を知ることはできませんので、「最後の五年間をどう生きるか」といわれても、「そんなことは分からない」と思われることでしょうね。確かにその通りなのですが、いつかが分からないのであれば、今日からはじめなければなりません。少なくとも、自分で何もできなくなってからが勝負なのです。毎日を全力で生きることです。

人は生きてきたようにしか死ねません。死ぬときだけ素晴らしい最期をと望んでも、叶《かな》うことはないでしょう。しかし最後の五年間が、その人の生きてきた軌跡を見事に表現する場合もあります。

私は六十歳代以降の人には、自分のことと同じくらい、人のことを考えてほしいと思います。それが結局、自分の人生を真剣に考えることになるからです。

こんな話を聞いたことがあります。独り住まいの老いた父親とあまり付き合いのなかった息子さんですが、その父親が亡くなったとき、「通夜、葬儀の参列者はほとんどいないだろう」と多寡《たか》をくっていました。ところが当日、二〇〇人を超える方々が死を悼《いた》んで集まってくれたそうです。福祉関連のＮＰＯの関係者、施設に入っているお年寄り、質素な様子の母子、体の不自由な子どもたちなどが涙を流しながらご焼香をしてくれました。そのいくつもの姿に、息子さんはもらい泣きしたとか。

その八〇歳を超える男性は退職後、地域に住む人々への奉仕を十数年にわたって続けていたそうです。そして、たくさんのプレゼントを残して旅立ったのです。

「父が地域で、そんな活動をしているとはまったく知りませんでした。見事な生涯だったのですね」

と語っていました。

旧約聖書の「詩編」に、こんな詩があります。

「その人は、水路のそばに植わった木のようだ。時がくると実がなり、その葉は枯れない。その人は何をしても栄える」

この人は、まさに水路のそばに植わった木のような存在だったのでしょうね。

最後の五年間をどう生きるか

砂時計を見ていると、
時間の大切さに身震いがする。

身にまとった
ガラクタを脱ぎ捨てれば
本当の自由を手にすることができる。

身辺を整理して初めて、自由を得られる

がんを発症し、同僚に後《おく》れを取ると焦燥感に駆られていたビジネスマンが、がん哲学外来で一回面談しただけで、別人のように溌剌《はつらつ》とした人生を送るようになったケースもあります。すべてが吹っ切れたためです。人は一日で変わることも、変えようとすることもできます。競争なんかやめてしまえば、自由になれる。がんになった人は、人生をリセットするチャンスを手にしたともいえるわけです。

私たちは働くことの意味をはき違えて、人生の多くを、「何かを求める」ためだけに仕事をするようになってしまったのではないでしょうか。いい生活を送りたい。家族のために家がほしい。そのためには出世しよう。出世するために家族を放り出して頑張る。その結果、出世しても家族は不仲になったりします。人の足を引っ張ったり、とんでもない裏切りで人をどん底に突き落としたりするかも

しれません。しかし、その結果、手にした多くのものも、がんになって命と向き合えば、そして死を深く考えるようになれば、ガラクタに見えるようになります。

あと五年間、最後の五年間を考えれば、手にしたガラクタなど整理してしまいましょうよ。そうすれば、これまで経験したことがないような快い自由を満喫《まんきつ》できるようになりますから。

脳腫瘍で余命数カ月と宣告されたある企業の社長さんがいます。社長だけに企業の他に商工会、母校の講師など十本の指では間に合わないほどの肩書きを抱えていました。そこでいざというときのために、それらを引き継ぐ作業が必要でした。大変な作業になるかと思っていたのに、それはあっけないほど短期間で終わったそうです。

私たちが手にしたものも、その程度のものなのかもしれません。何十年もかけて手に入れた地位や肩書きは、最後の五年間には不要です。いいえ、それらはむしろ邪魔になるかもしれません。

最後の五年間の生き方

これまでの人生は
天からの贈り物。
これからの人生は
天への贈り物。

人生の体験は幾層にもなって、
あなたを支えてくれる。

ない物ねだりは、疲れるだけ

再生医療が進化していますが、これからの課題は「寿命」になります。寿命の研究者は、人間の寿命は一二〇歳の壁を破ろうとしていると指摘しています。逆に言えば、一二〇歳まで、たとえ目、耳、頭がはっきりしていても必ず死ぬということで、これが寿命です。その寿命は延びる可能性があるわけですが、そこまで長く生きたいかどうかは、人それぞれでしょうね。

世界最年長の男性として、ギネス世界記録にも一時期登録された泉重千代さんが、「好きな女性は?」と問われたとき、「やっぱり年上かのう」と答えたそうです。いいですねえ。自分の体重に、余計な重みがかからないような軽やかな生き方に共感できます。

結局、私たちは何歳になろうとも寿命が尽きれば死にます。老化とは細胞の再生能力が衰え、髪が白くなったり記憶力が悪くなったりする現象ですが、これも避けることはできません。

高齢者には三つのタイプがあると言われています。「まだ若い人」「昔、若かった人」「一度も若くなかった人」だそうですが、いずれにしても老いれば、これまでできたことができなくなるものです。人の助けを求めないと満足な生活が送れなくこともありますが、それを別に恥じることはありません。限りある能力なのですから、その一部が欠けたとしても、あたふたとしないことです。

最期に向かって、いろいろなものを手放していくのが人間というものですから、できなくなったことや失ったものを取り戻したいと考えるのは、少々子どもじみた「ない物ねだり」かもしれませんね。いつまでも若いままでありたいと考えるより、他にやることがあるのではないでしょうか。

アフリカの格言に、「長老が一人死ぬのは、図書館がひとつなくなるようなものだ」とあります。後世の人たちに、何か伝えるべき言葉や知恵はありませんか。

寿命に逆らわない生き方

寿命という下り階段の行く末は、あなたの細胞が決めてくれる。

下りのエスカレーターを、懸命に駆け上がっていくような無駄な努力はやめよう。

一〇〇年後を見据えたプレゼントを贈った勝海舟

幕末に活躍した勝海舟は、「全力を尽くすのは当たり前。しかし、物ごとはなるようにしかならない」が口ぐせでした。明日、何が起きるか分からない激動の時代でしたが、三〇年後に起きることを明日起きるように語るのが海舟のすごさであり、特徴です。その構想の大きさに坂本龍馬も西郷隆盛も惹《ひ》かれたわけですが、「自分の命もなるようにしかならないよ。だけど一〇〇年後に自分のことを思い出してくれる人が一人でもいてくれたら、それで本望だ」とも語っています。

自分の命に無頓着になったとき、海舟は幕府の重臣でありながら倒幕派の人材とも結び、明治維新の実現に尽力する自由を得たわけです。

勝海舟が亡くなったのは一八九九（明治三二）年で、今から約一〇〇年以上も前のことになります。しかし海舟の業績、言葉は今も私たちに少なからぬ影響を与えています。

海舟からすれば、「大」本望でしょう。

新渡戸稲造は日本と米国をつなぐ架け橋としての役割も果たした、超一級の学者であり思想家でしたが、「何人に対しても悪意を持たず、すべての人に慈愛を持った」人生を全《まっと》うしました。新渡戸はこう言っています。

「二〇年後、三〇年後に自分のことを覚えてくれる者が、一人でもいれば満足だ」

新渡戸の希望は叶えられたどころか、多くの日本人に今でも大きな影響を与え続けています。

誰もが海舟や新渡戸にはなれませんが、「何かを後世にプレゼントする」ことはできます。命より大切なもののひとつとは、このプレゼントを指すと言ってもいいでしょう。

遺すものを見つける

人からもらう優しい言葉より
あなたが人に贈るプレゼントこそが
最後の五年間で果たす、
最もすばらしいものになる。

自分で分からないことは、放っておく

本当に大事なものは、実は少ないというのが私の実感です。

がんの患者さんや難病を抱えている人だけでなく、人間六〇歳を超えれば、「最期のとき」が身近に感じられるようになります。「死んだらどうなるのか」を考えることも多くなるでしょう。しかし、それをいくら考えても答えは見つかるはずもありません。

「あの世から戻ってきた人はいないから、たぶんあの世はいいところじゃないの」と笑い飛ばした人がいます。ここまでくると、「達人」の域ですね。

病気を抱えている人はあれこれと考えがちで、考えているうちに心身がうつむき加減になってきます。そんなことにならないためには、自分で分からないこと、解決できないことなどは放っておけばいいのです。まったく困りませんから。

メディカル・カフェに参加した方が、こんなことを言っていました。

「死が怖くて、たまりませんでした。でもカフェに来るようになって以来、穏やかに過ごす時間が増えました。もちろん、明日死ぬと分かったらおろおろするでしょうけれど、『今日のところは皆でワイワイガヤガヤと楽しかったから、まあいいや』という気分になります」

いいですね。これこそが、「毎日が宴会」という気持ちなのです。このような気持ちが品性を磨き、高めていきます。

がん哲学学校の生徒さんたちと、「明日この世を去るとしたら、今日は何をするか」というテーマで話し合いをしたことがあります。哲学を持ちつつある人たちですから、それぞれ、「今日の花に水をやる」というような前向きな意見が多かったのですが、その中で私が思わず共感の拍手を贈った言葉があります。

「私は皆さんと一緒にいたいな」

ちょっとした出会いがきっかけとなって、今まで気づかなかったことに気づくということがあります。この女性は別に家族関係や夫婦関係に悩んでいるわけではありませんでしたが、それでも最後は、「皆さんと一緒にいたい」と希望しています。

がんを発症したおかげで、「家族とは、命とは何だろう」ということを真剣に問い質《ただ》す機会が与えられたのです。私は家族の大切さをよく知っていますが、それでも思います。

「冷たい親族に悩んでいるから、あたたかい他人を求める」と。

生きとし生けるものへの愛に満ちあふれる日々

命と向き合うと、感性が瑞々《みずみず》しく輝き始めるものです。

退院した患者さんが、「道傍に咲いていた名も知れぬ小さな花の一所懸命な姿に、思わず涙がこぼれました」と語っていましたが、その気持ち、よく分かります。患者さんはそのとき、自分の命よりも大切なものを見たのかもしれません。

聖路加病院名誉院長である日野原重明さんは、一〇〇歳を超えるという年齢を感じさせないご健在ぶりには、いつも感嘆させられています。

その日野原さんが、こんな詩を書いています。

「病む人の喜びを私の喜びにしよう　病む人の悲しみを私の悲しみにしよう　病む人から与えられる鍵で　私の心の扉を開こう　死の床で死を彫刻することはできない　死に至る前、少し余裕を持って　自らの死の顔作りをしよう」

最期に向かう覚悟の前に、患者さんへの愛と感謝が捧げられていることに、私は深い感銘を受けるのです。

愛されることよりも、生きとし生けるものを愛することのほうが、人生にとっては大切のような気がします。

最期の迎え方

「まあいいや」と、
すべてを受け入れる。

今日の花に水をやる気持ちを忘れずに、
そのときを迎えたい。

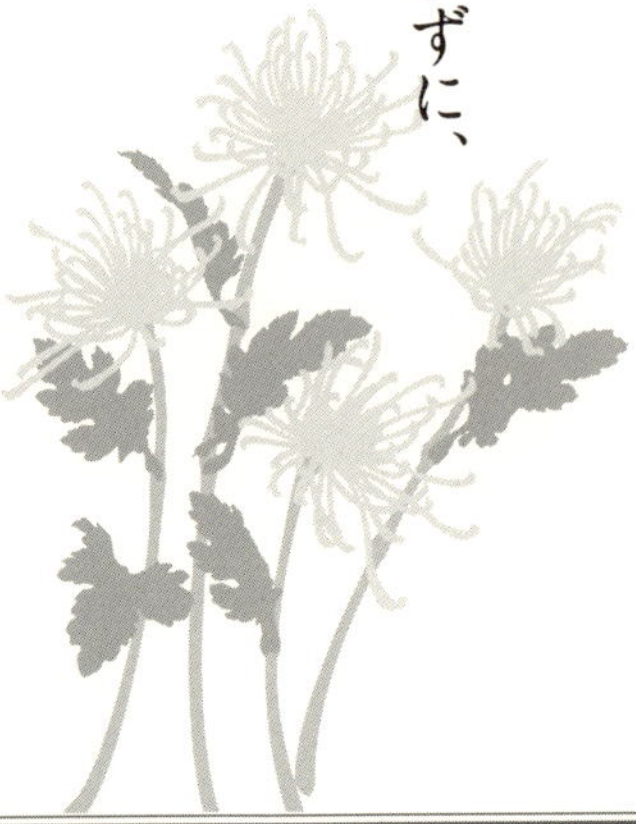

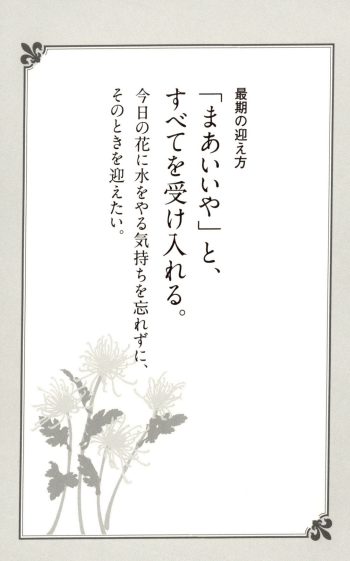

最期の言葉から、その人の人生が見えてくる

北陸の山村で地域医療に尽力されている医師が看取るときにかける言葉は、「さようなら、お疲れ様でした」だそうです。このような医師に看取られる方は幸せというものでしょう。

最期まで全力で社会に尽くした勝海舟は、「これでおしまい」と息を引き取りました。

命より大切な使命を貫いた海舟にしては、この言葉はやけにあっさりしていますが、人生を「生き切った」という安堵感、「役割は果たした」という満足感が言わせた言葉なのかもしれません。

室町時代に生きた一休宗純《いっきゅうそうじゅん》は、庶民に愛された禅僧でした。権威に迎合せず、庶民とともにあった人で、反骨の「破壊坊主」とも評されます。真の反骨は野心

ではなく純粋さから生まれるものでしょうから、一休は権威の側から見ると、目障《ざわ》りな存在だったかもしれません。臨終の際、それだけにこれからのことを心配する弟子に、「大丈夫、なんとかなる」と励ましたそうです。この人は生前、「元旦や　冥途《めいど》の旅の一里塚　めでたくもありめでたくもなし」という狂歌を詠《よ》んでいるくらいですから、最期の言葉もどこか突き抜けていて当然かもしれません。

アインシュタインは「死」について問われたとき、「死とはモーツァルトを聞けなくなること」と答えています。アインシュタインらしい、少しとぼけた答えに味わいがありますよね。

原因不明の難病に苦しみ、十九歳という若さで最期を迎えた内村鑑三の愛娘は、臨終の三時間前に両親とともに聖餐式《せいさんしき》にあずかり、「感謝、感謝」とともに、「もう逝《い》きます」という言葉を遺しました。思わず姿勢を正したくなる凛《りん》とした言葉ではないでしょうか。

結局、生き甲斐とは死に甲斐です。

最期の言葉

逝き方は生き方。

役割は果たしたという死に甲斐を目指す。

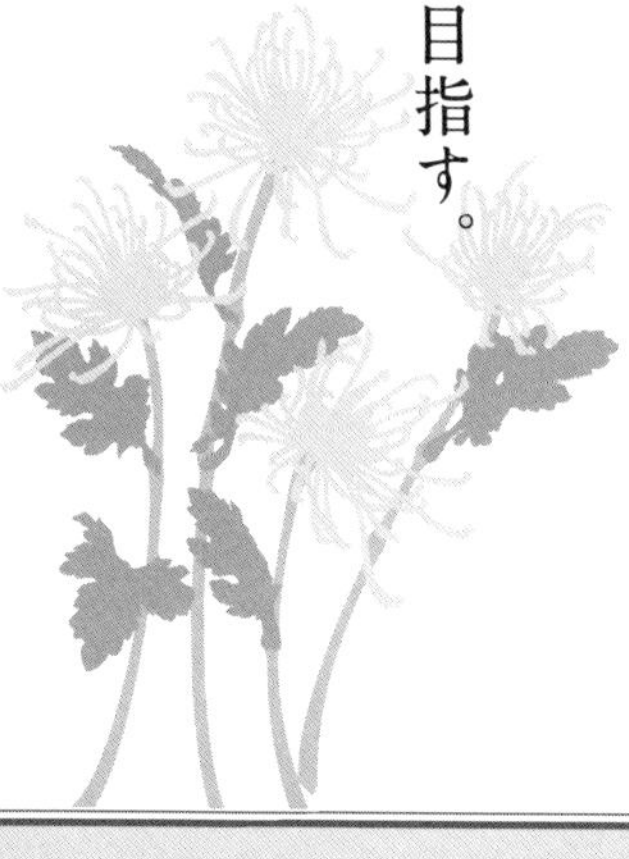

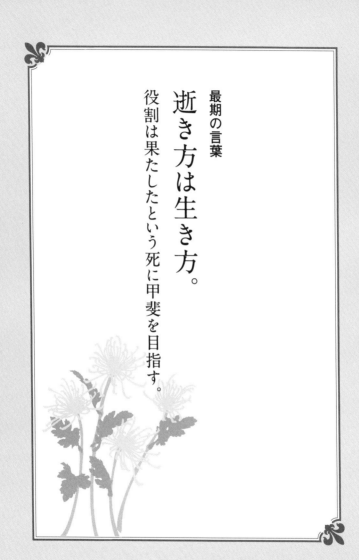

まとめの言葉

人生とは
理想を行動に翻訳するようなものです。
その理想や行動は
言葉が基軸になっています。
あなたには、
人生を二度生きるチャンスがあります。

第四章

人の荷物を背負うと、人生は軽やかなものになる

自分の存在意義を見出す、目覚めの言葉

能力に限りがあるから、人間らしくなれる

人間は一個の受精卵から生まれ、細胞分裂を繰り返します。成人は約六〇兆の細胞からなっています。ひとつの細胞の大きさは二〇ミクロン。細胞の核の中に染色体があり、染色体上に遺伝子があります。

あたかも完全に見える人間の体ですが、ちょっとしたボタンの掛け違いでがん細胞が生まれれば、それに完全に抗する力はありません。

それでいいのです。人はしてはならないことを行ない、するべきことを行なわない存在です。それが現実です。それに、たったひとつの命で、何千という病気に立ち向かうということ自体、初めから無理というものですよ。無理を押し通そうとすれば、それこそ心に負担が生じます。無理が通らなければ怒りが生じたり

して、どちらにしてもろくな結果にはなりません。

哺乳動物のうち生まれてすぐ立ち上がれないのは人間の赤ちゃんだけです。その代わり人間は、この赤ちゃんを手間と時間をかけて育て上げるという愛情と知恵を授かりました。完全ではない代わりに、多くのものを授かったのです。

私たちの耳は、一九〜二〇キロサイクルの音しか聞き分けられません。犬は二五キロサイクル、コウモリは八〇キロサイクル、イルカは一二〇キロサイクルです。人間と比べるとはるかに高い能力を持っているわけです。人間の肉眼の能力にしても、それはきわめて低いものです。

自分の能力を自慢する人に、惑わされてはいけませんよ。実際は、たいしたことはないのですから。能力を過信せず、能力のないことに誠実に向き合うことです。すると、お互いに欠けた能力を補い合い、能力を高める努力を重ねるようにもなります。比較すること自体やめたほうがいいのですが、せめて人を見たら、「自分のほうがすごいな」ではなく、「自分よりもすごいな」と思いましょう。

人は不完全な存在

「人間失格」が当たり前。

不完全だからこそ、
人は助け合うようにできている。

肩書きで、人の魂を揺さぶる言葉は語れない

肩書きとは社会的・会社的地位、あるいは文化人、たとえば作家という職業などを指しますが、肩書きを前面に出して相手や周囲を説得しようとする人を、「看板かじり」と言います。反対に肩書きを捨てた人は、説得ではなく人に納得してもらうことを試みます。ここが大きな違いになります。

明治の文豪夏目漱石は、文学博士の学位記の授与を辞退し、こう言い放ったそうです。

「小生は今日まで、ただの夏目なにがしとして世を渡ってまいりましたし、これから先もやはり、ただの夏目なにがしで暮らしていきたい」

なかなか言える言葉ではありません。立身出世が当たり前の時代に、ここまで

言える漱石はやはり傑物といえるでしょうね。

新渡戸稲造には、随分と肩書きがありました。英文学者、農業経済学者、大学教授、教育者、出版社の編集顧問。輝かしいほどの肩書きを持っていましたが、新渡戸は貧しい子どもたちのために夜学を開設したり、『実業之日本』という雑誌に「修養講話」を連載したりしています。当時の風潮からすれば、「大学教授がなぜ、通俗的な雑誌に関わるのだ」という批判もあったようです。しかし、新渡戸はまるで動じませんでした。このあたりは、本当に肚《はら》が据わっています。「学問をエリートの専有物にするのではなく、大衆のものにする」という信念があったからでしょう。

新渡戸は華やかな肩書きにもかかわらず、貧富や職業、性別で人を差別しませんでした。だからこそ、その言葉は多くの人々を説得するのではなく、納得と共感をさせたのだと思います。どうせ背負うなら肩書きではなく、新渡戸のような人徳を背負って生きたいものですね。

「あなた」という存在

肩書きよりも
人徳を背負う。

良いなまけ者になれば、人にも自分にも優しくなれる

　がん哲学外来には、ビジネスマンも数多く訪れます。彼らに共通する悩みは、「がんになったことで、社内や社会の日の当たる道から外れる」ことです。しかし、どんなに心配しても悩んでも、がんが治るわけではありませんし、会社での待遇は会社が決めることです。つまり、自分の力ではどうにもならないことなのです。

　そんなときは、今こそチャンスと考えましょう。復職して閑職に追いやられても普通の生活が保証されるなら、「ラッキー！」と思ってしまえばいいのです。もちろん、現実はそんなに甘くはないでしょうが、「禍福《かふく》はあざなえる縄のごとし」のことわざ通り、運、不運は表裏一体。代わる代わる繰り返されるものなの

ですから、悠然と構えていればいいのです。

二〇一五年末に亡くなられた漫画家の水木しげるさんは、「なまけ者」を自認していました。戦争で南方戦線に送られましたが、戦闘なんて初めからやる気がない。戦場になった島の自然の豊かさに、「天国気分」「心の楽園」とつぶやいているくらいですから。日本国中が眦《まなじり》を決し、「鬼畜米英」と声高に叫んでいた時代に、水木さんはなまけ者としてやわらかく生きています。

水木さんはあるとき、林の中にいたオウムに見とれて帰陣が遅れたことがあります。規律にうるさい日本の軍隊ではあり得ないことでしょうが、遅れたことで砲撃から逃れ、生き残ることができました。

水木さんは、「人生のなまけ者になれ」と言っているわけではないと、私は思うのです。むしろ、人生のなまけ者にならないために、「余計なことは、さぼっていいよ」とアドバイスしているのではないでしょうか。

良いなまけ者のすすめ

余計なことは
さぼってもいい。

それが、人生のなまけ者にならない生き方。

すぐに役立つものは、すぐに役立たなくなることも多い

試験の前の「一夜漬け」は、私もよくやりました。しかし、それで得た知識が持つのは試験日までで、決して実にはなりませんでした。日々之《これ》勉強で、毎日の勉強を積み重ねることが必要なようです。

このように短期的な利益を求めると、長期的な損失を招きかねません。役に立つか立たないか、敵か味方かと、〝二つの箱〟に仕分けたがる風潮がありますが、シンプルすぎて、とても危うい気がします。

「不材の木」というたとえ話を紹介しましょう。紀元前四世紀ごろに活躍した荘《そう》子《し》の言葉だといわれています。

ある人が森の中で大きな木を見つけます。「これならきっと、上等の材木が取

れるだろう」と思って調べたところ、幹は曲がり、根本には空洞もあって何の役にも立ちそうにありません。その人は、「ああ、これは材木にならない木だったのだ。だからこそ、ここまで大きくなれたのだろう」と納得します。

人の役に立つ木は、すぐに切られてしまうから大木にはなれません。使い道がなかったからこそ、くだんの木は生き残り大木になれたというわけです。そこには、「人の役に立とうと立つまいと、ものの価値はみな等しく、存在自体に意味がある」という荘子のメッセージが込められているような気がします。

アリはのべつくまなく働いているように見えますが、集団の三割は働いていないそうですね。では、どんな役割を果たしているかといえば、七割のアリが働きすぎて疲れて休むと、その代わりに働くのです。短期的な利益を求めて十割のアリが疲れて働かなくなってしまったら、その集団は万事休すで、滅びることになってしまうでしょう。長期的に集団を守るためには、三割のアリの役割が大きいというわけです。

役立つものばかりを求めない

効率的な生き方より、
無駄でも
誠実な生き方を目指す。

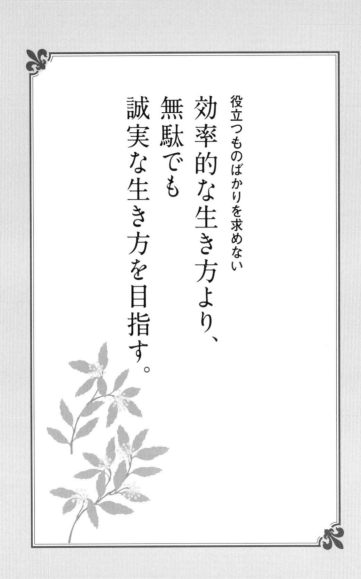

ほめるのも許すのも、相手を認めること

がんという病気を背負うと感性が豊かになり、生きとし生けるものに優しく接する人がいる一方で、「なぜ自分だけが」という不満が高じて八つ当たりするようなな人も少なくありません。がんにならない前の自分の人生しか、肯定できなくなってしまうのでしょうが、お気の毒としかいいようがありません。一刻も早く、役割と使命をつかみ取ってほしいと思うばかりです。

不満を持つ人は、どうしても人の悪口を吐きがちです。お見舞いにきて、自分のまわりの悪口ばかりを患者さんに伝えている人もいます。「お隣さんのゴミの出し方が悪い」とか「生意気な部下がいて腹が立つ」とか、がんと向き合うことに必死になっている患者さんにとっては、どうでもいい話題です。悪口を言う人の特徴は、相手の事情や感情に想像力を持てないこと、配慮を忘れていることで

す。

十八世紀フランスの啓蒙思想家ヴォルテールは数々の名言を残していますが、以下の言葉は現代にも通じる至言と言っていいでしょう。

「あなたの意見には反対だ。しかしあなたがそれを主張する権利は命をかけて守る」

そうなのです。カレーが嫌いなインド人もいますし、和食が嫌いな日本人もいます。人はそれぞれです。まず、それを認め合いましょう。その人の生き方や言動に反対であるなら、反対すればいい。しかし相手を認めて、譲り合うことによって近づき合う。それを怠《おこた》ると悪口を言いたくなりますし、そのうち敵意さえ生じてきます。

結局、相手を肯定し許すとは、自分を肯定し許すこと。相手を否定し許さないとは、自分を否定し許さないことになるのです。

相手の良いところを見つけて、一生懸命ほめる

人と競争して勝つことばかり考えている人、人と比べることばかりしている人は、相手をほめることが苦手です。むしろ、悪いところを探し出し、それを批判することが得意です。しかし、人間は完全ではありませんし、むしろ不完全なのが人間なのですから、けなすことはいくらでも誰でもできます。やめましょうよ、そんな天に唾《つば》するようなことは。

個性とは神様から授かったものです。神様が創造されたものに無駄なものはありません。どんな個性にも良いところがありますので、それを探しましょう。ほめることによって、相手の尊厳に初めて触れられるからです。できれば皆から煙たがれている人、難しいと思われている人をほめましょう。ほめることによって、あなた自身を育てることができますし、新しい人間関係も築けるかもしれません。

偉大なるお節介を心がけている人は、ほめることが大好きです。それはがんと

いう病気の苦しみから忍耐することの大切さを学び、それが品性を生み、希望をもたらしたからです。希望を手にすると、人の良いところが見えてくるのですね。その希望をお裾分けするために、人をほめるたくなるのです。

私が出演しているラジオNIKKEIの「日曜患者学校　樋野興夫の『がん哲学学校』」に、数組のご夫婦に出演してもらったことがあります。くわしくは第六章をご覧いただきたいのですが、このような企画を立てたのは、がん哲学外来やメディカル・カフェでご夫婦の問題が大きく浮かび上がってきたからです。他人のご夫婦のことにくちばしを入れるなんて、余計なお節介？　いいえ、私にとっては「偉大なるお節介」のつもりでした。

番組の収録は終始、なごやかな雰囲気の中で行なわれました。

他のご夫婦も同席されているので、お話がしにくいのではないかと危惧《きぐ》していたのですが、そんなことはありませんでした。

夫婦二人が面と向き合うと言いにくいことでも、同じような仲間がいるとむしろ心が開放されて、普段言えないことも言えたようです。

企画は、がんになってからのお話より、がんになる前のお二人のなれそめから結婚生活、妻ががんの宣告を受けたときの夫の心情などを中心に構成することにしました。つまり、まったく普通の生活を営んできたご夫婦の歴史を語り合ってもらおうというわけです。普通の生活が、がんになってどう変わっていったのか、変わらなかったのかを見つめたいと、私も番組スタッフも思ったのです。

司会役をはさんで、ご夫婦が胸の裡《うち》を率直に明かしてくれました。スタッフの案で最後に、「一分間、夫が妻を、歯を食いしばってほめる」というコーナーを設けました。妻にとって、夫の生真面目な言葉を聞く機会はあまりないのでしょうね。それだけに妻のほうもびっくりしたり感動したり、中には涙を流す女性もいたりして、結構盛り上がりました。

そんな中で一人の夫が、「私は歯を食いしばらなくても、女房をほめることができます」と言ってのけました。歯を食いしばらなくとも、ほめることができる人はすばらしいと思います。人をほめるには、一分もいりません。たとえば、「すごいですね！」というたった一秒ですむほめ言葉が、相手を変えることさえあります。

私たちは人をほめることは苦手なのに、悪口は得意という実に困った存在です。悪口は、あなたにとっての重荷になります。人生は重い荷物を背負った旅のようなものですから、わざわざ余計な荷物を背負うことはありません。背負うなら、相手の悲しみ、辛さ、さびしさを分けてもらいましょう。重くなるかもしれませんが、あなたの品性を完成に近づける荷物ですから、足取りはむしろ軽くなります。

相手を認める生き方

人をほめることは一秒でできる。
歯を食いしばって
人をほめ、人を許す。

どんな個性でも、個性としての役割を持っている

食べたものを分解し、別の物質に代えて生命活動を支えている肝臓は、実にたくましい臓器です。正常のとき、肝臓はその役割を粛々《しゅくしゅく》とこなします。その働きは五〇〇を超えるともいわれ、「人体の化学工場」という別名があるほどです。しかも多少の病気や炎症があっても、簡単には悲鳴をあげません。そこで、「沈黙の臓器」とも呼ばれますが、それだけに病変が発見されたときには手遅れになっていることも珍しくありません。

重量は成人で一二〇〇～一四〇〇グラムと大きいうえ、驚異の再生能力を持っています。手術で七〇パーセント程度を切除しても、数カ月もあれば大きさも役割も元《もと》に戻るというのですから、頼りがいがあります。肝臓のこの特徴をもって

私は、「日本肝臓論」を唱えています。肝臓のような再生する力を持った社会であれば安定しますし、肝臓のような人間になれば忍耐強くなりますから。

いろいろな数え方はありますが、人間の組織・臓器は約二〇〇あるといわれています。人間の臓器に無駄なものはありません。

私たちの臓器には肝臓があり心臓があり、それぞれ役割を持っています。それぞれ個性を持った臓器ですが、勝手に動いているわけではなく生命現象として統一されているのです。

臓器とは、私たち一人ひとりです。それぞれが個性をもって社会を構成し、そして誰一人無用の個性などはありません。すべての人の個性と価値観を尊重することが、人間関係の前提になるといってもいいでしょう。

秋の紅葉は、奈良・吉野のように山全体が赤に染まると美しいものですが、七世紀後半から八世紀後半にかけた万葉の時代、人々はまだらに見えるほうが美しいと感じたそうです。

雨上がりの道の水たまりを通り抜けるとき、自分の顔を映す人もいれば、そこに映った青空に微笑《ほほえ》む人も、無関心に通り過ぎる人もいます。つまり、人それぞれということなのですね。

愛を失った個性は暴走してしまう

アカデミー賞を取ったディズニーアニメ『アナと雪の女王』の王女さまは、触るものを凍らせてしまう不思議な力を持っています。子どものころに不思議な力で過《あやま》って妹を傷つけてしまって以来、その力を封印し、城に閉じこもります。

私たちにこんな不思議な力はありませんが、それぞれが神様から個性を授かっています。個性は百人いれば百あると言ってもいいでしょう。その個性を誇りにしたり、あるいは嫌ったりします。個性を嫌ったり自分らしさを隠したりしてしまうと、どうなるでしょうか。自分の価値を信じられなくなってしまうのです。

個性を信じましょう。神様から授かったものに、無駄なものも嫌《いや》なものもありません。自分の個性を認めつつ、チャレンジし、力を伸ばす。そこで必要になってくるのは、自分の力をコントロールすることです。美男美女、金持ち、腕力、知性などのコントロールを失って破滅する人も少なくありません。

コントロールのために必要なのは、「愛」です。愛を失えば、個性は暴走します。

人と人をくっつけるには、接着剤が必要です。しかし、接着剤をこねくりまわしていても、人がつながるとは限りません。相手のどことつながるか、目をカッと開き、愛をこめて見つめましょう。

個性は授かりもの

世界一立派なリンゴの木でも
ごくありふれたナシですら
実らせることはできない。

尺取り虫のように歩んで、オリジナリティーを守る

尺取り虫はシャクガ科の蛾《が》の幼虫ですが、その歩行法に大きな特徴があります。尺取り虫は前進するときに、いったん体を屈《かが》めます。自分のオリジナルポイントを固めてから後ろの吸盤を前に動かし、そこで固定して、前部の足を前に進めます。このようにしていれば、いつも自分のオリジナリティーを失わないですむというわけです。

シンプルに言ってしまうと、自分の基軸をしっかり作り、その基軸を土台にして前に進んでいくことです。その基軸作りのためには、できれば若いうちに尊敬でき、目標になるような人物との出会いがあるといいでしょうね。私の場合は、フィラデルフィアにあるがんセンターに留学中の恩師で、二年間の指導を受けた

クヌドソン博士（がん遺伝学）と出会ったことが、その後の人生の基軸作りに大きな影響与えてくれました。

博士は嘘と真を見分ける眼力を持ち、「自らの判断の視点」には揺らぎがありませんでした。人によって態度を変えることもなく、相手をその気にさせるような言葉もほとんど口にしない、謙虚で品性の人です。

「急ぐべからず」はゲーテの言葉ですが、博士からは「落ち着いて、他人と比較しないこと」、「翼をどんどん外に広げていくより、まわりに影響を受けず、自分の基軸を固めよ」と教えていただきました。

目下の急務は、ただ忍耐あるのみ

物事は何でも、一人の人間の力からはじまります。それが源流です。源流は流れが急ですが幅は狭いだけに、ひとまたぎで渡れます。どのような立派な大河も、源流がなければ成立しません。つまり、一人ひとりの個性が世の中を、もっと大きく言えば地球を動かします。良いことでも悪いことでも、まずは一人からはじまる。一人の力は決して侮《あなど》れないということなのです。

「日本の病理学の父」と呼ばれる山極勝三郎は人工のがんを世界で初めて作った人でしたが、病弱でもありました。病《やまい》を押して研究に励み、耐え続けました。

「目下の急務は、ただ忍耐あるのみ」とは、彼の言葉です。忍耐を学ぶことによって輝くような品性を完成させました。彼がいなければ、現在の日本の病理学はないと言っても過言ではありません。一人の研究者の忍耐にあふれた研究が源流となり、現在の病理学を大河のように発展させてくれたのです。

「目下の急務は、ただ忍耐あるのみ」と決め、研究活動にいそしんだところが山極勝三郎の個性であり、役割でもありました。

個性とは、驕《おご》り高ぶった才能が支えるわけではありません。時がきたときに即、実行に移す行動が支えるのです。

あなたの個性が世界を動かす

物事はすべて
一人の人間の
力からはじまる。

それが大河となり、
世の中、地球を動かす。

まとめの言葉

それぞれの個性に合った
役割を見つけましょう。
世界一立派な木でなくても、
誰でも凛と立つ木にはなれます。

第五章

花を育てるためには、花ではなく土に水をやる

豊かな人生を歩むための、希望の言葉

世の中の流行《はや》り、廃《すた》りに左右されずに自分を貫く

あなたにもし子どもがいれば、子どものこと、お孫さんのことを考えるのが普通です。しかし、お孫さんが生む子どものことまでを考えるでしょうか。その時代、その社会のことまでに考えが及ぶでしょうか。

それを考えるのが、胆力《たんりょく》というものです。

たとえば、勝海舟は新しい日本の行く末を見据えて、神戸に海軍操練所を作りました。ここは海舟の私塾のようなもので、幕府派と反幕府派を問わず全国から生徒を募集、志の高い約二〇〇人の青年が集まり、近代的な遠洋航海術、造船術などを学ぶ場所でした。一時期、塾頭を務めた坂本龍馬だけでなく、睦奥宗光《むつむねみつ》や伊藤博文など新しい時代を担う多くの人材を輩出しました。

海舟は一〇〇年先のことを明日実現するように語る胆力だけでなく、それを実践する胆力まで持っていたのですね。しかも、それに共感する仲間がいたことも幸いでした。一人で見る夢は夢にすぎませんが、一緒に見る夢は現実になるからです。

新渡戸稲造は第一高等学校（現在の東大教養学部など）で教鞭《きょうべん》を取ったことがありますが、そのときの授業内容を学生の半分は「いいね」と絶賛し、半分は「分からない」と首を傾げたようだったそうです。新渡戸はそんな評価をものともせず、授業内容を貫きました。

皆が一斉に、「いいね」と拍手するようなものは、世の中の流れに迎合するものであり、世の中の流行り、廃りに左右されていることだからです。大切なのは、たとえ大半の人が受け入れ難いものでも、信念に基づいて語ることです。そのような言葉だけが、人を動かします。

そして、「いいね」といった学生の中に南原繁や矢内原忠雄がいたのです。

私がいつも感心しているのは、がん哲学学校の生徒さんたちが日々成長し、胆力を増していることです。

ある日、私はがん哲学学校の生徒さんにアメリカの神学者、倫理学者であるラインホールド・ニーバーの「ニーバーの祈り」を贈ったことがあります。

「神よ、変えることのできるものについて、それを変えるだけの勇気をわれらに与えたまえ。変えることのできないものについては、それを受けいれるだけの冷静さを与えたまえ。そして、変えることのできるものと、変えることのできないものとを、識別する知恵を与えたまえ」

後日、彼女は私にこう言いました。

「変わらないことと変えられることを区別する、これが知恵というものなのですね。私はこの知恵を、まわりに伝えていきたい。これが役割だと思う」

この女性はたくさんの本を読み、がんの仲間と語り合い、カフェの運営に関わる中で成長してきました。がん細胞が同じスピードで成長するわけではないように、人も時には、飛ぶように成長するものです。私はこれを、「不連続の連続性」

と呼んでいますが、どこが不連続の点なのかを知ることが重要です。この女性は、自分の役割を自覚したところで見事に変わり、ある意味で大局観を手にしたとも言えるでしょう。大局観を持つと、胆力は自然と身につくようです。

がん哲学外来やメディカル・カフェ開設以来わずか七〜八年しか経っていませんが、今では全国のいくつもの病院にがん哲学外来が開設され、それを支えるかのように、さまざまな形のカフェが行なわれるようになっています。

私が手探りではじめた試みを、多くのがん患者さんやご家族、医師や看護師が使命感を持ってそれを支えてくれるようになりました。

皆が「いいね」と言わなくとも、半分が「分からない」と首を傾げても、信じる道を行く。これが胆力というものだと信じているからです。

胆力を養う

大文字ではなく、
小文字で書かれた人生でいい。
ただし、その人生に小さくても胆力を付け加えよう。

人生の長さは
変えられなくても、
幅は変えることができる。

暗闇の中に届く
ひとすじの光を頼って、前に進む

がんの治療とは、街灯のまったくない真っ暗な山道を、ヘッドライトを頼りに走る車のようなものかもしれません。危険だからといって治療をやめることはできず、とりあえずヘッドライトの光が届くところまで勇気を持って進み、そこからまた、ヘッドライトで先を見つめて進むような地味な作業といっていいでしょう。当然、医師も患者さんにも忍耐が求められます。忍耐を捨てれば、医師はただの医療技術者になり、患者さんは正真正銘の「病人」になってしまいます。

人生にも同じことが言えますね。人生とは何が起きるか分からない暗闇の道を、一人でとぼとぼ歩いて行くようなものです。懐中電灯で、足下とすぐ先の場所を照らさないと、とんでもない迷路に入り込んでしまうかもしれません。

懐中電灯の役割を果たしてくれるのは、自分なりの役割意識と、それを支える基軸のようなものです。それぞれ個性がありますので、役割も基軸も人のものを借りるというわけにはいきません。借りたものは、いつまで経っても借りものです。北極星のような手の届かないものを求めず、足下を照らす自分の懐中電灯で、灯りの届くところまで歩を進めていくほうが堅実です。

知らないこと、分からないこと、理解できないことがあっても、心配することはありません。まずは謙虚に、足下を照らしてみてください。何が見えますか？　そこまで足を進めてみましょう。それが眼力を養うということです。

人間は元来保守的なものですから、新しいことには二の足を踏んで当たり前です。しかし、謙虚な気持ちになって、それを受け入れる努力を重ねてください。

アパートでひとり住まいをする、ある目の不自由な青年の話を紹介しましょう。ひとり住まいを決意したとき、まわりの人から「大丈夫？」と随分心配されましたが、彼は、「前に進みたい」と、一人での生活を始めました。彼の楽しみは、好物のスパゲティを作って食べることでした。麺を茹《ゆ》で、それに好みの味の「スパゲティの素」を和《あ》えるのですが、素の袋を見分けることができませんので、ナポリタンを食べたくてもミートソースになってしまうこともしばしばです。

そんなとき彼は、「うん。これが食べたかったんだ」と喜びを感じながら口にするそうです。何という、見事なまでの自由な心持ちでしょうか。

ものを選ぶ自由は貴重ですが、時として人の持ちものと比べて不満を覚えたりもします。ものを使うのでなく、ものに支配されるような生活に、青年が味わうような自由はありません。人を見分ける眼力も大切ですが、自分を見つめる眼力を養うことも忘れないようにしたいものですね。

自分を見つめる眼力を養う

自分の足下を照らす懐中電灯を持つ。

優れた人物と出会うことは、人生の大きな喜び

私に大きな影響を与えてくれた最初の人は、南原繁に心酔する東大の学生でした。私は毎日のように南原の話を聞いているうちに南原の本を読むようになり、その本にしばしば登場する新渡戸稲造や内村鑑三に興味を持つようになって、彼らの本も読むようになりました。医学の面では世界的な病理学者である吉田富三に多くのことを学び、さらにアメリカ留学中に師事したクヌドソン博士（がんの遺伝学）には、医学だけでなくその人格にも大きな影響を受けました。彼らの本や人格と交わって与えられたものが、がん哲学として結実したのです。

私は今も彼らを見つめていますが、同時に彼らが見つめていたものを見つめているような気もしています。それが私の眼力を養ってくれているのです。

「今どき、そんな尊敬できる人物はいない」と言われるかもしれませんが、本当にそうでしょうか。勝海舟は、「人物なんてのは目玉ひとつでどこにでもいる」と喝破《かっぱ》しています。そう、どこにでもいるのです。目を見開いて、探し求めましょう。人生は良き師、良き友、良き本との出会いがなければ味気ないものになってしまいます。人物を見る眼力がなければ役割も見出せず、使命感を持つチャンスも失われてしまうことでしょう。

まわりに良い師も友もいなければ、せめて良い本を探して良い読書をしましょう。読書を通じて本の著者と対話をし、親しくなっていくのです。

がん哲学学校の生徒さん、メディカル・カフェに参加する人たちの多くは読書することが大好きです。中には、私の本を、「読んでいるうちに眠たくなってしまう」と正直に告白される人もいますが、いいですよ、それでも。

そのうち、たくさんの著者の本を読みたくなるときがくることでしょうから。

人物を見極める眼力を養う

人のことが分かって
信じるのではない。
人を信じるから分かるのだ。

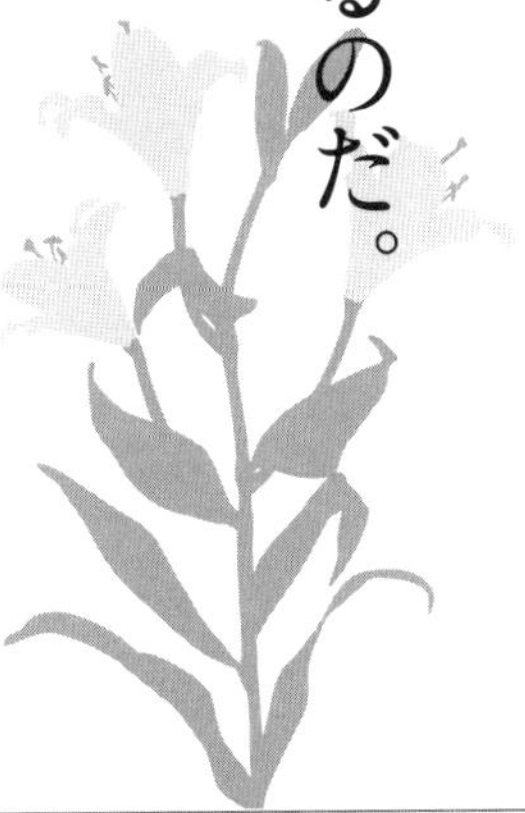

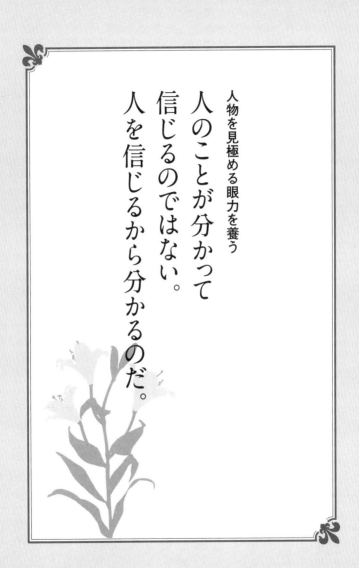

ユーモアとはYou More

新しいこと、知らないことがあれば、それについて勉強する姿勢は必要です。セミナーや講演会に参加するのもいいでしょう。私自身のことを言うのも何ですが、私は今でもまだ勉強が足りないと思っています。医学は日々進歩していますから、決して油断はできません。医学のこと以外でも、ニュースなどで気になったことがあれば勉強する。専門家に質問する。関係する本を読むといったことを欠かしません。そうすると余裕ができ、ユーモアのセンスも磨かれるから不思議です。ユーモアとは、「You More」です。これは私の知人の造語ですが、翻訳すると、「あなたをもっと大切に」になります。「優しい」の「優」は「人」を「憂」えることですが、ユーモアも同じで他人を尊重するツールのひとつと言えるでしょう。

ユーモアが心に満たされてくると、「日間《ひま》」もできてくるものです。メディカル・カフェに出席した多くの方が、「日が射し込んでくるのを感じた」と言います。それを感じると、人生のいろいろな局面における舵《かじ》取りが、自分でできるようになります。

ユーモアを上手に使う人は、人のことを考えているものです。自分や家族の自慢話より、自分を笑い飛ばす話が人を勇気づけます。笑い飛ばすには、天から俯《ふ》瞰《かん》して自分を見つめる余裕が必要になりますが、すると足下に咲く小さな命を愛《いと》おしみ、その営みから宇宙を見つめるような大局観が生まれてきます。

新渡戸稲造はいかにも謹厳実直の人のように思われるでしょうが、一方で、「ユーモアの人」でもありました。そばにいる人に大きな影響を与えつつも、それらの人たちを喜ばせることが大好きだったようです。

新渡戸は、「人の上に立つ」のではなく、「人の下に立つ」人であったのかもしれません。まわりにいる人を説得するのではなく、分かりやすく伝えて共感してもらうということに重きを置いていたように見えます。

『逆境を越えてゆく者へ』という本の中で、新渡戸は次のように書いています。

「学問のない者は学問のある者を羨むが、古人が『字を知るは憂いの始め』と嘆じているように、学者は解決できぬことのために絶えず頭を悩ませている」

どことなくユーモアを感じさせる文章です。

新渡戸自身、非常に優れた学者でしたが、その学者の仕事を俯瞰して評しているあたりに、私などは思わず微苦笑してしまうのですが、読者の心にスッと入っていくやわらかさを持っていることは間違いありません。

私も新渡戸にあやかって、講演などではユーモアあふれる話を心がけているのですが、まだまだですね、残念ながら。

笑いはまわりの人を励ます

ユーモアとは、おバカな話を指すのではありません。まわりの人の心をふと軽くするものであり、救いになり励ますものなのです。

喜劇王チャップリンが一九三一年、アインシュタインと会ったときに、こんな言葉を投げかけました。

「私に人気があるのは、誰でも私を理解できるからです。ところが、アインシュタインさん。あなたに人気があるのは、大衆の誰もが、あなたを理解できないからです」

アインシュタインの感情を害することなく、しかも尊敬の念も感じさせるという、実に見事なユーモア心が散りばめられた言葉ではないでしょうか。

作家・劇作家の井上ひさしさん（故人）は、たとえば戦争といった難しいテーマをお芝居にするとき、いつも観客が笑えるシーンを組み入れていました。井上さんはいつも、「難しいことはやさしく、やさしいことは深く、深いことはおもしろく」を心がけていたそうですが、笑いやユーモアは声高な主張より説得力があることを、作家の眼力は見抜いていたのですね。

ユーモアは人を救う

将棋の香車のように、
ひたすら直進するだけの
人生は息苦しい。

笑いとユーモアさえあれば、何とかなる

がんになっても、笑いを忘れない人は少なくありません。私のまわりの患者さんたちがよく笑い合っているシーンを見かけますが、耳を澄ますと相手を決して傷つけないように、ほめながら突っ込みを入れるような心あたたまる会話を楽しんでいるようです。苦しみを経ているからこその心遣いにあふれたあるやりとりは、そばで聞いている私の耳にも快く響きます。

落語家の笑福亭松喬《しょきょう》さんは、肝臓がんを告げられてから一年半、高座を続けていました。

もちろん落語家ですから、笑いを取ることは忘れません。

「余命?」「嫁なら横におるわ」

プロですよね。自虐ネタではなく、それを突き抜けた爽快さがあります。そん

なさわやかさを残しながら、松喬さんは二〇一三年に亡くなりました。

「鼻の下に鉛筆をはさんででも笑顔を作れ」という格言がありますが、笑いにはさまざまな健康効果があることも知られています。ことわざに、「笑う門に福来る」とありますが、何事も笑い飛ばすような気持ちがあれば、たいていのことは何とかなるものです。

笑いによって結びつくように、人は生まれてきた

犬や猫、馬は笑ったような表情を見せることはあっても、笑っているわけではありません。遺伝子の数では、人間とほとんど変わらないチンパンジーも笑わないそうです。

それに対して人間は、生まれたばかりの赤ちゃんでさえ笑います。これを、

「新生児微笑」と言います。つまり笑いとは人間の遺伝子に組み込まれている、本能的な営みであることを示しているのかもしれません。

がん哲学学校やメディカル・カフェに関わるがん患者さんが、よく笑い合っているのは、この本能に素直に従っているためとも言えます。気持ちが通い合えば、誰でも愉快な気分になり笑いが生まれます。すると心の結び付きが強くなって、お互いに助け合うという協力関係が生まれるのでしょうね。

各地で開催されているメディカル・カフェには、他のカフェのみなさんや新しく立ち上げようとする人たちが見学にやってきます。そんなとき当のスタッフたちは、運営のノウハウなどを実に懇切丁寧《こんせつていねい》にアドバイスします。「自分たちのカフェだけ、うまくいけばいい」などという利己的な態度は毛の先ほどもありません。

カフェに出席する患者さんの中には、堰《せき》を切ったように喋り続ける人もいます。これまで沈黙の不安に苛《さいな》まれてきただけに仕方ない面もありますが、カフェの目的はあくまでも対話です。それが成しとげられなかったときの失敗談などを、スタッフたちはユーモアたっぷりに披露するのです。

メディカル・カフェが全国に広がっていく原動力として、スタッフたちの笑顔いっぱいの協力関係があることを見逃すわけにはいきません。一人で大笑いするより、みんなが半分笑うようなユーモアにこそ、本当の喜びがあるのですね。それに一人でどんなに大笑いしても、そのうち悲しくなってしまうのではないでしょうか。

人は、悲しんでいる人に親しみを覚えます。悲しんで、不満な顔をしている人ではありません。悲しんでいる、にもかかわらず笑顔の人を人は求めるのです。そのような人に慰《なぐさ》められるのです。

余談ですが、第一章で紹介したお寺でのメディカル・カフェでは、参加者が笑い合う「笑いヨガ」を実践して大好評のようです。

ユーモアのすすめ

山あり谷あり、波瀾の一生に見えて
実はちゃんと一本道を歩んでいる。

山にあって谷を見る、
谷にあって山を見る姿勢が、
ユーモアの心を育てる。

深く掘りたければ狭く、広く掘りたければ浅く

病理医は顕微鏡で、ミクロの世界をのぞき込むのが仕事です。ミクロの世界を突き詰めていくと、マクロの世界が見えてきます。がん細胞のたくましさや知恵を理解し、ある意味で共感すると、がん細胞は人間そのものではないかと思い、がん細胞から社会を見るようになってくるのです。これが、がん哲学の根本といってもいいでしょう。つまり、ミクロの世界からマクロの世界へ。私は深く掘るために顕微鏡を使い、広く掘るためにがん哲学を活用しています。そのどちらも不可欠なものです。

地方の病院にすすんで赴任する若い医師が、こんなことを言っていました。

「最先端の医療で限られた患者を救うことは素晴らしい。だけど僕は、できるだ

けたくさんの人の健康を守るような仕事をやっていきたい」

どちらを選択してもいいのですね。医師は純度の高い専門性を持つとともに、社会的な包容性も求められます。この若い医師は堂々と後者の道を選びましたが、それを突き詰めていけば、「広く掘る」とともに、「深く掘る」道も必ず開けてきます。大胆な生き方とも言えますが、何より私は、若い医師の使命感に強く共鳴しました。

私も今、地方に医療の大拠点を築く「メディカル・ビレッジ」構想を推進しようとしています。一人の人間を癒《いや》すには、ひとつの村が必要になります。これは二〇年、三〇年後の医療を展望した構想と言ってもいいでしょう。そのときがきたというのが、私の判断です。この機会には二種あります。求めずに訪れる機会と、私たちが作る機会です。悠々と浅く掘りながらも深く掘る機会が訪れれば、その機会を逃さずに即実行するというのが、私の信条です。

いいと思ったことは、誰にも相談せず即実行ですよ。遅れてやってきた正義は、時に不正義にもなりますから。

成功本位ではなく、誠実本位に生きる

右は内村鑑三の「成功の秘訣　十カ条」の中にある一句ですが、これは今も十分に通用する警句といえるかもしれません。十カ条ではさらに、「人生の目的は金銭を得るためではなく、品性を完成させることにある」と指摘しています。

ヒマラヤ山麓の王国ブータンの田舎には、こんな看板が立っているそうです。

「「最後の木が切られ／最後の川が干上がって／最後の魚が捕まったとき／そのときはじめて、人はお金が食べられないことを知る」

ブータンは国民総幸福量という哲学を実践している国ですが、このような看板を立てるくらいの国民ですから、内村の警句は必要ないかもしれませんね。

自分の生活に困らない程度の糧《かて》さえあれば、それ以上の糧はどれほどの必要が

あるのでしょうか。

無頓着に大胆に生きるためには、持ちものはできる限り少ないほうがいいのです。江戸末期に生きた禅僧の良寛は、「米が三升、暖をとる薪《まき》が一束、両足を伸ばすスペースがあればいいじゃないか」と漢詩にしたためています。

このような境地に至ったとき、まったく新しい人生が開けます。喜びを自分で作る、自分の人生がはじまるのではないでしょうか。

良寛は名僧として知られていましたので、各藩からの招きも多くあったようです。良寛はそれに対し、どのように対応したのでしょうか。ある藩主から藩ゆかりの寺の住職就任を依頼されたとき、次のような俳句で応《こた》えています。

「焚くほどは風が持てくる落葉かな」

風が運んでくる落葉あれば、暖も取れるし、どうにか暮らしていますので、お構いなくという意味です。どうです？　こんな奥床しく堂々とした生き方こそ、成功した人生だと思われませんか。

無頓着に大胆に生きる

悠々と奥床しく、
堂々と歩いて行けば、
逆境も順境になる。

逆境のときこそ、品性が磨かれる

もうひとつ、奥床しいエピソードを紹介しましょう。

子どもの手術や入院に家族が寄り添える施設が、少しずつ整備されてきました。多くはＮＰＯが運営するものですが、日常生活に必要なもののほとんどは、企業や個人の寄付によって賄《まかな》われています。宿泊費も一泊一〇〇〇円といった破格なところが多いようです。

難病の治療費ですと公的支援はあるものの、それでも家族の金銭的な負担は大変なものになります。それだけに宿泊費の一〇〇〇円という額は、とても有り難い心遣いです。

心臓病の子どもの手術のため、地方から上京したご夫婦がその部屋に一週間泊まりました。ＮＰＯの担当者が精算のため部屋を訪れドアを開けたとたん、ムッとする熱気が襲いかかりました。「真夏なのに、エアコンを使わなかったのですか」とたずねると、ご夫婦はこう答えたそうです。

「病院のすぐ近くのこんないいところに、一〇〇〇円で泊まれるはずがありません。誰かが代わりに出してくれているのだから、高い電気代を使っては申し訳ないと思い、節約したのです」

この品性、この奥床しさ！　子どもの容態しか頭にないような心境であったにもかかわらず、人の親切と誠実に向き合う姿に、私は胸を打たれます。

新渡戸稲造も指摘していますが、人は逆境にあるとき、他人の境遇を恨んだりヤケを起こしたりして、ますます逆境という深みに陥りがちです。逆境のときこそ品性を持って無頓着に、大胆に生きたいものです。

「世の中は甘いものではない」かもしれませんが、人生という航海で厳しい波風を味わってきた人は言うことでしょう。

「しかし、世の中は捨てたものでもない」と。

成功することより、生き心地が大切

世の中は甘いものではない。
しかし、捨てたものでもない。

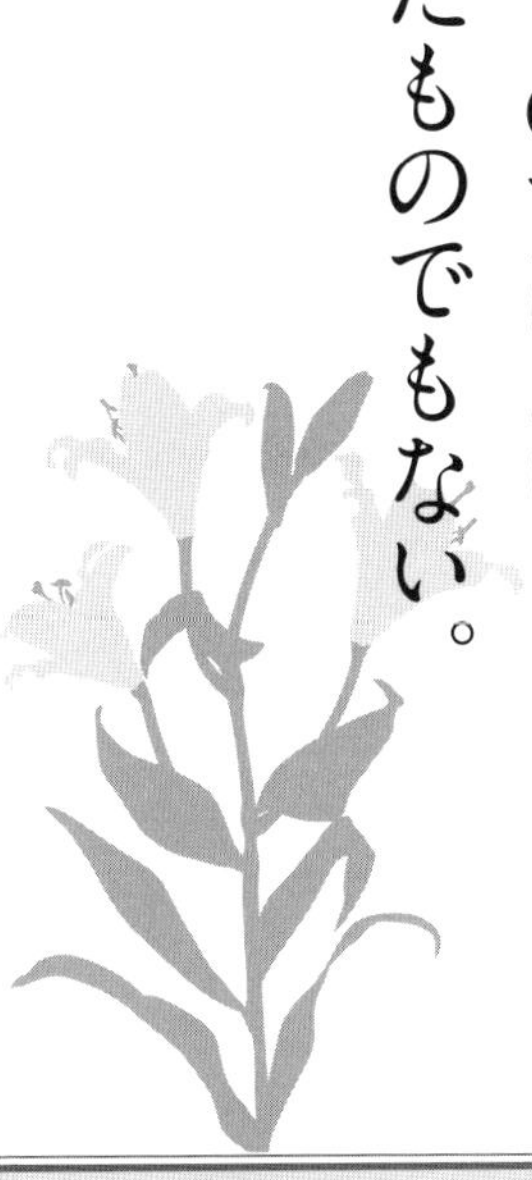

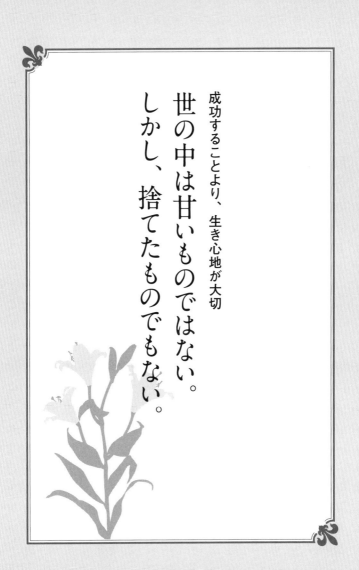

不条理なことを冷静に受け止める

「人生荊《いばら》の道。されど日々宴会」という言葉は、私が若き日に学んだ旧約聖書「箴言《しんげん》」の「悩む者には毎日が不吉の日であるが、心に楽しみのある人には毎日が宴会である」から取ったものです。

人はどんな境遇に生まれようと、それをコントロールしたり選んだりする力を持ち合わせていません。また、「なぜ自分が！」という不条理に満ちた出来事にも見舞われたりもします。たとえば、まわりは皆元気なのに自分だけが難病にかかれば、運命を呪《のろ》いたくもなります。しかし、運命より自分を上に置こうとすると、運命から手痛いシッペ返しを食らうことになるかもしれません。このようなときは潔《いさぎよ》く運命に従い、そのうえで生き方を選べばいいのです。

宴会とは、心に楽しみを持つことです。毎日お酒を飲んで、どんちゃん騒ぎすることではありません。笑顔とユーモアにあふれた生活、幸せより喜びを求める生活、自分の力の及ばないことには無関心でいる生活、明日のことは明日が決めると腹を括《くく》った潔い生活などが、宴会の会場になります。

私の場合、心の宴会とは「自分から楽しむ」ことです。時間的なことではなく、心の暇こそが、私の宴会です。暇ができれば「日間《ひま》」ができます。心にあたたかい日射しが射し込んでくると、家の中に閉じこもっていられなくなり、外に出たくなるのです。

外に出れば、たくさんの仲間が手を差し伸べてくれます。人と関わることで自分の役割が浮かび上がってきて、そのうちあなたにとって、最もふさわしい使命感が向こうのほうから近づいてくることでしょう。

がんを発症することは、耐え難いほどの不条理だと思われるかもしれません。その不条理を涙とともに受け入れたとき、そして新しい人生に足を踏み出すとき、あなたには喜びが与えられるのです。

人生を二度味わうようなものですから、これほどありがたいことはありません。

心の宴会は、誰でも開くことができます。そして、宴会の主人公はあなた自身です。

がん哲学学校の生徒さんやメディカル・カフェのスタッフがのびのびと暮らしているのは、これらの働きや人との関わりを通じて、心の宴会を楽しんでいるからです。多くの方々はサバイバーとして再発の不安を抱えており、実際に再発する人もいるのですが、心の宴会をやめるつもりはないようです。

あるサバイバーの女性は言います。

「まわりに、『楽しそうになったな』と感じてもらえるようになったことが、とてもうれしいし、ありがたいですね」

これは、楽しさのお裾分けのようなものです。がんになった女性が、まわりに楽しさを伝えることができるなんて、こんなすばらしいことがあるでしょうか。

「苦しさ、無念さ、口惜しさから流していた涙が、今は生きるための力になっているような気がします」と語ってくれたサバイバーの女性もいます。涙は、がん患者さんだけが流すものではありません。共通するのは、苦しみ悲しみの涙を流した人だけが、人生を十分に味わえるということです。

貧しくても、すばらしい心の宴会を開くことができる

母子家庭の貧困が問題になっています。給食費を払えない、お弁当を持って行けない子どもが、六人に一人もいるという現実には慄然《りつぜん》とさせられます。ある母子家庭の話が、新聞で報道されていました。

母親は介護関連の仕事をしていて、収入は月十二万〜十三万円。うち、食費は二万円。小学六年生の娘は育ち盛りだけに、二万円はあっという間になくなってしまいます。それでも母親は「もやしだけの焼きそば」や「肉の代わりに十二個

で一〇〇円のうずらの卵が入ったカレー」などのメニューを工夫する毎日です。

給料日前になると食費も尽き、夕食の食卓には数個のおにぎりが並びます。

「おにぎりしかないと言ったら暗くなるでしょ。だからおにぎりパーティーと呼んでいるのです」と母親。「育ち盛りなのに、これでは虐待じゃないかと思うこともあるんですが……」

それに対して娘さんは、母親を庇《かば》います。

「私は我慢していないよ。我慢しているのはお母さん」

確かに、経済的には貧しいのかもしれません。しかしこの母娘の心は決して貧しくないと、私は思います。二人のお互いを思いやる会話の豊かさは、まわりの人を感動させるはずです。なんとすばらしい「心の宴会」でしょうか。

人生荊の道。されど日々宴会

涙とともに
パンを食べた人でなければ
人生の味は分からない。

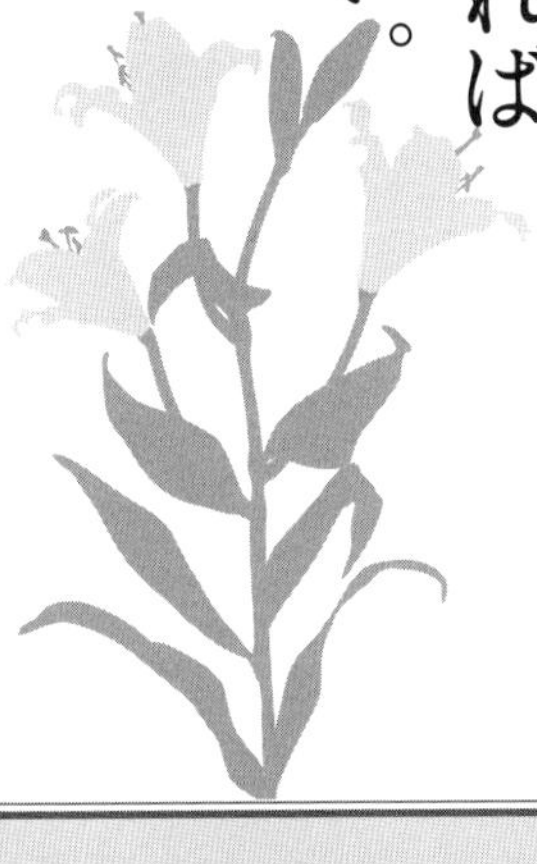

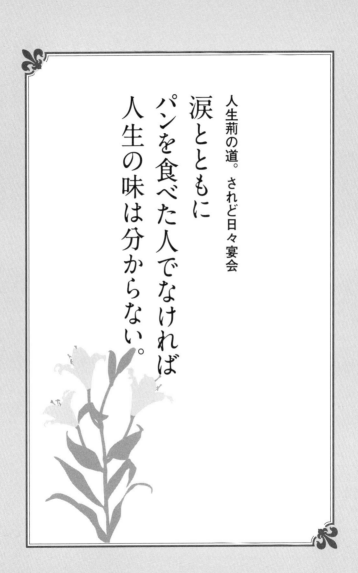

まとめの言葉

自分が求められているもの、
やれるもの、やるべきこと。
この三つと向き合うと、
役割と使命が見えてきます。
日々宴会の会場を確保するために、
役割と使命という種子に、毎日水をやりましょう。

第六章

あなたのことを想ってくれる人がそばにいる

五組のご夫婦の対話集

これまでの日本にはない歴史的快挙

第四章で少し触れましたが、私が出演しているラジオＮＩＫＫＥＩの「日曜患者学校　樋野興夫の『がん哲学学校』」へ、一度に五組のご夫婦に出演してもらったことがあります。

収録は平日の二十時から行なわれましたが、どのご夫婦も時間通り、揃って参加されました。当日、誕生日を迎えた息子さんと来られた方もいます。皆さんお仕事や家事などのあとに、遠方は名古屋から、東京港区のスタジオに集まって来られたのです。収録は二十三時すぎまで続きました。

ご夫婦が一緒に来ることは当たり前のように思われるかもしれませんが、これは、今までの日本では考えられない〝歴史的快挙〟と言ってもいいでしょう。

以前、がん哲学外来に、アメリカやドイツの医者と看護師が見学に来ました。そこで話をしたのですが、日本のがん患者とアメリカやドイツの患者の悩みに、若干の違いを感じました。もちろん、がんや治療、自分の人生に対する悩みは世界共通ですが、日本の患者は人間関係の悩みが少し多いような印象を受けたのです。

二〇〇八年にがん哲学外来をはじめて以来、人間関係――特に家族関係、職場の人間関係を見てきましたが、この八年間で職場の人間関係に対する悩みは減ってきました。しかし、家族の人間関係に対する悩みは一向に減りません。

第三章で詳しく書きましたが、日本では夫ががんになったとき、妻の余計なお節介が悩みとなります。逆に妻ががんになると、夫の心の冷たさに悩みます。そのため、冷たい親族よりも、あたたかい他人を求めるようになるのです。これは、もはや日本ならではの文化とも言えるでしょう。

そこで、ご自身もがん患者であり、がん哲学外来に参加・活動している方たちが立ち上がって、二〇一五年十一月に「越冬隊　友の会」を設立しました。「寄り添う〜あなたのことを想ってくれる人がそばにいる〜〈越冬隊　旦那の役割〉」をテーマに、ラジオＮＩＫＫＥＩ「日曜患者学校　樋野興夫の『がん哲学学校』」で記念シンポジウムを行ないました。それが、本章でご紹介する内容です。

自分の足元にいる一番困った人に寄り添う

最後まで見捨てないというのが家族です。会話なんてなくていいんです。三〇分間同じ部屋で沈黙したまま居て、お互い苦痛にならない人間関係になれるかどうかが大切です。

今回のように夫婦揃って参加することは、とてもいい訓練になります。たとえ職場や家庭で忙しくされていても、これが習慣的にできるようになれば、心が豊かになります。

勇ましき高尚なる生涯とは、自分の足元にいる一番困った人に寄り添うということ。家族など、最も身近な人を思う心が出ると、ジェラシーや人と比較する気持ちがなくなります。すると心が豊かになり、仕事にも良い影響を与えるようになります。

自分が犠牲になっても心が豊かになれば、明日死んでもいいと思うようになります。人生は、自分をプレゼントとして人に残すということですからね。

人間は、泣くのに時があり、微笑《ほほえ》むのに時がある。嘆くのに時があり、踊るのに時があります。

自分では希望のない状況だと思ったとしても、人生のほうからは期待されている存在であると実感する、深い学びのときが与えられています。そのとき、その人らしいものが発動してくるのです。

今回、五組のご夫婦が集まったのは、本当にすばらしいことです。ご夫婦揃って参加したのですから、ご夫婦の思い出にもなるでしょう。人生は思い出作りですからね。その対話を紹介しましょう。

ご夫婦の対話集①——秋山美奈子さん・秋山敏之さんご夫妻

おにぎりがつないだ縁はごはんと海苔のような最高のコンビに

美奈子さん
「自分の中にも、病気じゃないところが、こんなに残っているんだと思いました」

敏之さん
「樋野先生とお会いしたとき、『この先生、本当にお医者さんかな？』と（笑）」

――お二人の出会いから教えてください。

敏之さん　同じ会社で仕事をしていたのが縁です。明るくていい子だな、と。一番印象に残っているのは、社員旅行のとき。おにぎりを作ってきてくれ、私も何個かもらったんですが、普通は海苔《のり》が巻いてあって、べちゃっとしているじゃないですか。でも彼女のおにぎりは海苔が別にしてあって、パリパリの状態。作りたてのおにぎりみたいにおいしかったんです。

美奈子さん　私は主人より年が四歳上なんですが、当時の彼は寡黙《かもく》で、私から見ると格好つけて見えたので、「気をつけよう」と感じましたね（笑）。

――結婚に至った理由は。

敏之さん　家庭的なものを求めていたので、美奈子と一緒になったら幸せになれるんじゃないかな、と思っていましたね。誰に対しても、優しくて気持ちを通わせようとしている人なので。自分に都合のいい話ですけど、当時はそう考えていました。

――プロポーズの言葉は、どんなでしたか。

敏之さん　格好いい言葉はなかったように思います……恥ずかしいですね！

美奈子さん　私は、いざ結婚というとき、マリッジブルーになったんです。自分は大雑把《おおざっぱ》な人間だと思っていたので、本当に予想外のことでした。主人には初めから負担をかけてしまって申し訳なかったんですが、苦しいながらも精一杯やっていました。……でも、それはあっという間に終わり。その後は、逆に私が主人を苦しめることになったのですが（笑）。

そんな結婚生活が続いていた二〇一〇年、美奈子さんの卵巣にがんが見つかりました。

――がんが見つかる前、体調に何か変化はありましたか。

敏之さん　お恥ずかしい話ですが、僕は気づきませんでした。病院に検査へ行く数日前、「お腹《なか》にしこりがある」と聞いたのですが、それでも大丈夫なんじゃないかと思っていたんです。ただ、いつもと違う雰囲気は感じました。

美奈子さん　実はがんが見つかる二年ほど前、背中の胃の後ろあたりに痛みを感じていました。私は主人に、「人間ドックに行って」とうるさく言うタイプで、自分でも何か気になることがあれば、すぐ病院に行くんです。それでアチコチ病院を回って、超音波検査を受けた際、卵巣に何かありそうだと言われました。ですが、以前に卵巣囊腫《のうしゅ》の手術や不妊治療をしていたので、その影響だと考えてしまったんですね。

――がんだと分かったとき、どんな心境でしたか。

敏之さん　初めは、えっ!?　死んじゃうの？　と思いましたね。私よりも、はるかにしっかり健康管理をしていただけにびっくりするやら、戸惑うやらで……。

美奈子さん　私はマリッジブルーになったくらいですから、本当に打ちのめされて、自分は本当にこんなに弱いのか、と。

――手術の際は、どうでしたか。

敏之さん　記憶にあるのは、手術中の三～四時間、何を考えても思考がまとまらず、トイレに行きたいけれど行けない。新聞を読もうとしても、活字がまったく頭の中に入ってこない。これは今でも忘れられません。術後に美奈子の顔を見たときは、大泣きしてしまいました。私たちは子どもがほしかったのですが、手術でその可能性を失い、本人の顔をまともに見ることができませんでした。

美奈子さん　麻酔から覚《さ》めたとき、そばにいた主人の目が真っ赤になっていたので、「ああ、全部失ったんだな」と察しました。子どものことは瞬時に心の決着がつきましたが、それよりも先のこと、病理検査の結果が出たとき、私の将来はどうなるのか、生存率は何パーセントか、抗がん剤はどうなるのなどが頭の中でグルグル回り、あっという間に不安に飲み込まれたんです。……実は今初めて、主人が子どものことについて気に病《や》んでいたのを知りました。でも、長いこと不妊治療していたので、ひとつ肩の荷が下りた気分にもなりました。不妊治療は終わりが見えないので、これであきらめがついたなと。

――美奈子さんががんになって、生活や心境は変わりましたか。

敏之さん　以前は、日常のことは美奈子がすべてやってくれていましたが、私も少しずつ協力と言いますか、やらざるを得ない状況になりました。当たり前のことを当たり前にやっていくことは、とても大変なんだと感じました。美奈子は結婚してからずっと、文句も言わずやってきてくれていたので、すごいなあと思いますね。

それからしばらくは元気に暮らしていた美奈子さん、しかし初発から五年後の二〇一

五年、がんが再発し、手術を受けました。がん哲学外来に出会ったのも、ちょうどその時期だと言います。

――がん哲学外来に出会って、いかがでしたか。

美奈子さん　再発の手術をしたばかりのころ、ヨタヨタ這《は》うようにしてがん哲学外来のカフェに行き、樋野先生に初めてお会いしました。

敏之さん　「この先生、本当にお医者さんなのかな」と思いましたね（笑）。お医者さんらしくないんですよね。

美奈子さん　先生から「言葉の処方箋」をいただきましたが、実はそのとき、ピンとはこなかったんです。何しろ、がんの再発ですから、もう死ぬんだということしか頭になくて……。でも後日、別の場所で開催しているがん哲学外来に行ったとき、ハッと、「私はまだ生きている」ことに気づいたんです。私にも、泣かずに話せること、病気じゃないところがたくさん残っているじゃないか、と。自分にこんな強さがあるとは、知りませんでした。それから少しずつ、がん哲学外来の活動を手伝うようになりました。病気と共生しながらの参加ですが、毎回新しい出会いと気づきの連続。日々、自分の強さを発見しています。

敏之さん　がん哲学外来との出会いは、妻に大きな変化をもたらしました。がんの告知、再発、先が見えないとても不安で暗いところに、明るい日差しが射し込んだのです。妻は、「私にも生きていく役割、価値がある」ことを体感し、それからすごく変わりましたね。

――お二人は出会ったときと同じように、歩んでいけそうですか。

敏之さん　夫婦だからいろいろありますし、当時のままというのは……（笑）。ただコミュニケーションは、美奈子が病気になる前より取っていると思います。それまでは、家庭のことは妻にまかせて、自分は仕事をしていればいいという旦那。でも、自分で実際やってみると大変さが身にしみて、感謝の気持ちを感じますね。彼女と同じようにはできませんが、可能な限り頑張っているところです。

美奈子さん　私たちには子どもがいないので、自分の命のバトンを渡す相手は、身近なところでは夫だと思います。以前は仕事に励む彼の背中ばかりを見ていましたが、今はお互い、一生懸命向き合っています。夫にはそのうち手紙を書いていつか見つけてもらい、一人泣いてもらおうと思っていましたが、この場を借りて……。いろんなことに感謝をしています。小言《こごと》も少なめにしようと思いますので（笑）、最後まで見捨てずにお願いします。

――最後に、旦那さんへのお願い。歯を食いしばって奥さんを一分間ほめてください。

敏之さん　誠実でウソをつかない。とてもきれいな心を持っているのが、うちの妻です。私は人として、この世の中の誰よりも信用できるパートナーだと思っています。あなた以外は信用できないと、最近つくづく感じます。人生における工夫や楽しさを伝えたり、語りかけたりしてくれることには、本当に感謝しています。それが、二人の生活をより良くしていることも。今、そういう部分で幸せを実感しています、本当にいつもありがとうございます。

❖――樋野興夫からメッセージ

「越冬隊　友の会」会長の秋山美奈子さんは、六年前に卵巣がんを発症され、昨年、再発の手術を受けられました。がん哲学外来カフェで、大きな出会いをされています。夫の敏之さんも、がん哲学外来との出会いは、美奈子さんにとって、「明るい日差し」と表現されています。「生きていく役割、価値との貴重な出会い」を体験されました。カフェにはいつもご夫婦で参加されています。まさに、『暇＝日間＝日が射し込む』の実践ですね！

ご夫婦の対話集②——大弥佳寿子さん・大弥雅昭さんご夫妻

日本から中東、シンガポール……家族の愛は国を超えて。

佳寿子さん
「私ががんだと分かり、ショックを受けた夫に対し、誠実さを感じました」

雅昭さん
「赴任先のドーハ（カタール）から妻が入院している日本の病院に、毎日ファクスを送りました」

――お二人の出会いから教えてください。

雅昭さん　社内結婚です。結婚前、二七、二八歳だった頃、私はアブダビ（アラブ首長国連邦）に赴任していました。三カ月に一回休暇があって、日本に帰って来ると二週間の休みが取れるのですが、友だちは働いているのでなかなか会うことができず、そこで会社の女の子を誘って飲みに行ったのがきっかけです。彼女は私より一年あとの入社なのですが、まあいい子だなと。密《ひそ》かに、その機会があれば話してみたいなと思っていたところ、その機会が得られたのです。その翌日がたまたま休みでしたので、彼女をプールに誘いました。それからのつき合いになります。

――佳寿子さん、〝狙われていた記憶〟はありますか（笑）。

佳寿子さん　なかったですね（笑）。本社にいたときは職場も別でしたし、いい兄貴だなという感じでした。ですから、そういう形では思ってなくて……。たまたま私も水泳をしていたので、プールについていったのが縁ですね。

――結婚を決意したのは。

雅昭さん　つき合ったのは約一年だと思いますが、遠距離恋愛だったのでそろそろ結婚しようと決断しました。高層ビルのワインバーに誘って、プロポーズしたことを覚えています。

――結婚後は、また海外に赴任されたのですか。

雅昭さん　第一回の家族駐在では、アラブ首長国連邦のアブダビに約一年、二人で暮らしました。その後三回、子どもを連れて家族駐在を経験しています。

一家四人となっていた大弥さんが、三回目の駐在に赴いたのはカタールのドーハ。新生活をスタートさせようとした矢先、佳寿子さんは、胸のしこりに気づきました。

雅昭さん　妻が、胸に気になるしこりを見つけたと言うので、すぐに病院で診《み》てもらうことにしました。でも、大きな病院だと時間がかかると思い、近くのクリニックへ行きました。診察してくれたのは、ドーハでは結構有名な医師でした。早速、しこりの部分の細胞を取って検査に出したところ、結果は陽性。ただちに治療をと考えましたが、赴任したばかりだったので、すぐに帰るわけにもいきません。その医師には、隣国のサウジアラビアで手術してはと勧められましたが、言葉などの問題もあります。私は日本で医師をしている友人に電話し、まず妻と次男を帰国させて、手術・治療が受けられるか相談しました。

——しこりには、以前から気づいていましたか。

佳寿子さん　当時、子どもがまだ八歳と三歳で育児に追われていましたし、気づきませんでした。しかも毎年健康診断に行っており、駐在に出る二カ月前にも健康診断を受けたばかり。その際は異常なしという結果でした。駐在先についてホッとしたとき、たまたましこりを見つけた、という感じです。

——がんだと診断された際は、どんな心境でしたか。

雅昭さん　がんそのものに対する知識が、まったくありませんでした。当時、インターネットは、まだまだ低速の時代で、簡単には情報がつかめません。乳がんになって、それが悪いものであれば取るしかない、というイメージでした。だから早く日本に帰して、手術して、元気になって戻って来てもらいたいと。そう二人で話し合い、判断しました。

佳寿子さん　先生に、「ブレストキャンサー（乳がん）だ」と言われた時、私よりも彼のほうがショックを受けたようでした。病院から家に帰るとき、家とは反対方向に車を走らせていたくらいだからです。声をかけたら、彼はハッとして車を止めました。突然の話に、頭がいっぱいになってしまったのだと思います。その様子を見て、自分は患者だけれど、しっかりしなきゃいけないと思いました。同時に、彼のあたたかみと言うか、誠実さを感じました。

——お子さんたちにはどう話を？

佳寿子さん　ありのままを話しました。「お母さんはおっぱいに悪いものができたから、日本に帰って手術をするからね」と。長男はまだ八歳でしたが、がんという言葉は知っていたようです。「お母さん死んじゃうの？」と聞かれて私は、「大丈夫よ」と答えました。長男は夫とドーハに残り、私は次男を連れて帰国の途につきました。

——どんなふうに見送られたのでしょう。

佳寿子さん　夫と長男は空港で、私たちの乗った飛行機をずっと見送ってくれていたようです。夫が「これからどうなるのかな」とつぶやいたところ、長男は、「パパ、どうにかなるよ」と言ったそうで。子どもって小さいけれど、すごく勇気をくれるんですね。

――佳寿子さんが日本にいる間、雅昭さんが料理をされていたんですね。

雅昭さん　まあ料理といいますか（笑）。妻が不在の三カ月間、どうにかやっていたという感じです。それまで料理らしい料理をしたことがなかったので、大変でしたね。長男が通っていた日本人学校の先生や父母の皆さんにも、大変お世話になりました。日本で入院していた妻へは、病院宛に毎日、頑張れよとメッセージ入りのファクスを送信。無事に手術が終わったあとは、「しっかり休んできてくれよ」と伝えました。

無事手術を終え、回復した佳寿子さんと次男はドーハへ戻り、家族四人の駐在生活が再開されました。しかし、それから数年後、佳寿子さんの肺にがんが転移していることが分かったのです。また雅昭さんにも、初期の肺がんが見つかりました。

雅昭さん　がんが再発したという診断を受けたとき、私は単身シンガポールに駐在していたので、上司に頼んでいったん帰国させてもらいました。彼女に会うと、「もう駄目だ」と一人で沈んでいる感じでした。夜になると泣いて、今回は余裕がないなと思いました。実は私も二年前、初期の肺がんが見つかって手術を受けました。本当に小さいがんで今のところ問題もなく、心配はしていません。でも彼女の再発は、本当にショックで。最初のときは取ったら何とかなる、という思いがあったので余計に……。

佳寿子さん　病気の悩みとは別に、冷たい親族に悩んでいる人もいると聞きますが、うちは夫も子どもも本当によく気にかけてくるんです。でも、初発より再発のときのショックが大きくて、もう駄目だ、悩みたくないと、一時期ウツ的になってしまいました。ここから抜け出したい、楽《らく》になりたいという思いと、子どもたちを育て上げるまでは何とかがんばりたいと思ったり……。そんなとき夫が、「みんな、あなたが必要なんだよ。一緒に頑張ろう」って、毎日励ましてくれました。その言葉は、とても大きな心の支えになりました。

――お二人の中に変化はありましたか。

雅昭さん　肺に転移が見つかりホルモン治療がはじまると、彼女はがんについて勉強をはじめました。勉強熱心なことに感心する一方で、毎日の会話にも医学用語が出てきて、「おいおい、医者になるのかよ」と（笑）。お互い気持ちに余裕がないときは、衝突もしました。情報過多で悲観的なときが多かったので、まずは先生の意見を聞こうと話し合ったこともあります。がん哲学外来へは、さまざまな講習会やコミュニティーへの参加を経て、行き着きました。彼女が落ち込んでいるときも元気をもらっていたので、非常に感謝しています。

――最後に、旦那さんへのお願い。歯を食いしばって奥さんを一分間ほめてください。

雅昭さん　ひとことで言えば、家族をよく見てくれています。子どもも非行に走ることなく、順調に育ってくれました。母親の愛情は子どもたちに伝わっているでしょうし、私にも非常に愛情のある態度だと思っています。だから私も愛情で返したいと思います。

❖――樋野興夫からメッセージ

「越冬隊　友の会」副会長の大弥佳寿子さんは、旦那様のお仕事で、カタールのドーハで駐在をはじめられたときに、乳がんに罹患されたとのことです。ショックを乗り越え、二年前には、「東村山がん哲学外来カフェ」を立ち上げられました。旦那様は、佳寿子さんのことを、「非常に愛情のある態度」と語っておられます。それに対し旦那様は、「愛情で返し」ておられます。余人をもって代え難い、素晴らしいご夫婦のご配慮です。まさに、「苦難→忍耐→品性→希望」の「人生の法則の実践」ですね！

ご夫婦の対話集③――角田万木さん・角田則明さんご夫妻

出会いは中学時代。お互いを思いながらいつまでも二人三脚で。

万木さん
「あんなに辛かった私が、こんなにも元気になれるなんて。泣いてばかりいたときの自分がウソみたいですね」

則明さん
「これからも一緒に生きていきたいし、生活していきたい。だから自分のことを第一に考えて」

――お二人の出会いから教えてください。

則明さん　中学校の同級生です。中学三年のときに同じクラスになって、その時はクラスメイトだな、くらいの感覚でした。彼女は秀才グループにいて、僕はちゃらんぽらん（笑）。タイプの違うグループにいました。卒業して二十歳すぎたくらいのころ、地元で男友だちと集まって飲み会をやっていたのですが、そのうちやっぱり〝華《はな》〟がほしいよね、という話になって、女の子を三～四人誘いました。彼女は、その中の一人です。それからグループで交流がはじまった形です。

万木さん　私は当時、主人にいじめられていた印象があったんです（笑）。でもあとで聞いてみると、「それは誤解だ」と。逆に、いじめられるのを止めていたんだと言われました。

――再会時の印象は？

則明さん　面影《おもかげ》はあるんですが、女性のほうが顔とか雰囲気が変わりますからね。

万木さん　私はいじめられていた印象しか（笑）。

――おつき合いは、どのように始まりましたか。

則明さん　食事に誘ったりしてからですかね。

万木さん　グループで飲みに行くようになって、次第に一緒にいてもいいかな、と思うようになりました。つき合って三カ月くらいのとき、家に来ないかと誘われてご両親を紹介され、そこから結婚に進んでいったような。勢いですね。

——どんなプロポーズだったんでしょう。

則明さん　ストレートに、結婚しようとは言っていないんですよ。家まで送った帰り、「ずっと一緒にいようね」と伝えたんですが、「男女の友だち関係の中で、それはないんじゃない」と取られてしまったようで、ちゃんと伝わらなかったみたいです（笑）。

万木さん　男と女なので、一生友だちでいるのは難しいな、と（笑）。ただ、彼の実家に遊びに行ったとき、義父がすごく気に入ってくれたので、結婚まで進んでいった印象があります。私はそのときにはすでに両親を亡くしていて、一人で住んでいたので、義父が娘のようにかわいがってくれて。

中学の同級生だったお二人が再会し、トントン拍子でご結婚。仲睦《むつ》まじい日々を送っていましたが、二〇一三年、万木さんは卵巣がんを患い、手術を受けました。

――がんが見つかった経緯をお話ください。

万木さん　ちょうど更年期で食欲も異常にあり、急に五キロくらい太ったんです。よく食べていたため中年太りだろうと思っていたところ、今度は逆に食べられなくなりました。母もそうですが、身内にがんになった人が多く、その様子を見ていた伯母から、「太ってきたら、がんだから」と注意されていたんですね。だから、伯母に怒られる前にダイエットしなくては、というところだったので、やせられる！　と思いました。

その後ほとんど食べられなくなり、だんだん元《もと》の体重に戻っていったんですが、胸の下からお腹が出てきて、お腹の中から圧迫されている感じがありました。でも、これは脂肪で押されているのだろう、と思ったんです。痛みも出血もありません。しかも、かかりつけの医院がなかったので、こんなことで医院に行っていいのかが分かりませんでした。ところが、次はおへそが妊婦さんのように張り出してきて、いよいよおかしいと感じました。いろいろ調べてみたら、卵巣に腫瘍ができていたのです。でも、ほとんどが良性だと説明されていたので、私もそう思って安心していました。

――それから病院へ行かれたわけです。

万木さん　地元のクリニックに大学病院の先生がちょうど来ていて、私の症状を見るとすぐに分かったみたいです。その日のうちにＭＲＩの予約をしたので、普通じゃないのかなと……。しかも、結果を聞きに行く前にクリニックから電話がきて、すぐに大学病院に行くように言われました。そこで、卵巣がんだと告知されました。主人にその旨をメールしたら、仕事中だったのですがすぐに電話をくれて、話をしました。

則明さん　自分のことのようにショックでした。気持ちはもう上《うわ》の空。でも本人が一番辛いと思うので、動揺はしていましたが、なるべくそれを見せないように努めました。後日、病院で主治医の先生に会って、あとはこの先生に任せるしかないな、と感じました。

万木さん　卵巣がんという診断を受けてからは、怖いのでいろいろ調べずに入院しました。そんなに長くないんだろうなあ、主人を置いていくには早いかな、と。これが二〇一三年のことです。

――この三年間を振り返ってどうですか。

万木さん　病気になって、五年生存率も低かったので、元気になれるとは思っていませんでした。不安で怖くて抗がん剤もショックで……。でも、あのときたくさん泣いて、すごく辛かった私がこんなに元気になれるなんて。当時の自分に、「大丈夫だよ」と言ってあげたい気持ちです。

則明さん　妻は、テレビやラジオ、シンポジウムなどにパネリストとして出させてもらったりしましたが、そのスケジュールは私よりもハードなほどで、体力面で心配でした。でもこの三年間で病気して、がん哲学外来に出会って、それがきっかけで家にこもるのではなく、外に目が向けられたのだなと思います。以前からそうですが、妻ががんになってまた改めて、お互いに寄り添い、サポートしていけたらと感じています。

――最後に、旦那さんへのお願い。歯を食いしばって奥さんを一分間ほめてください。

則明さん　結婚してから、自分のことで大変なのに僕のことも気にかけて、頑張ってくれて、本当にありがたく思っています。病気もしたので、これからは自分のこと、自分の体力のことを第一に考えてほしいです。一緒にこれからも生きていきたいし、生活していきたい。自分の気持ちに正直なところもいいと思うし、ナイーブなところもあるし、そうしたことを大事にして、一緒に生活していきたいと思います。

❖——樋野興夫からメッセージ

「越冬隊 友の会」広報担当の角田万木さんは、二〇一三年六月に卵巣がんの手術をし、十月末に抗がん剤治療が終わり、今は経過観察中とのことです。最近は、シンポジウムに出てパネリストをされたり、テレビ・ラジオにも出演されたりと、大活躍です。旦那様も参加されたり、その現場にお迎えに来られたりと、ともに生活を一緒に楽しくされ、大変微笑《ほほえ》ましいご夫婦です。まさに、「もしかすると、この時のためであるかもしれない」（エステル記四章－十四節）を実感させていただいています。

ご夫婦の対話集④――小林真弓さん・小林範之さんご夫妻、息子の小林傑さん

がんを通して夫婦の絆が一段と深まり、「まゆちゃん」と呼ぶように。

真弓さん
「結婚してからは、もう波瀾万丈《はらんばんじょう》ですね。四半世紀、本当に毎日冒険、チャレンジ（笑）」

範之さん
「この人とだったら、もしかしたら俺でも家庭を持てるんじゃないかと思って」

――今回は、小林さんご夫妻のほか、息子の傑さんにもお越しいただきました。

傑さん　今日はうちの両親、テンション上げていますね（笑）。

――ではご夫婦のお二人の出会いから教えてください。

範之さん　人様にお話できるような特別のことではないんですが……（笑）。俺はアルバイトしながら小さい劇団で活動していまして、そんなことにばかり夢中になっていたんですね。この人も同じようなことをしていて、同じ稽古場を使っていたので出会いました。別の劇団だったんですが、よく顔は見かけていましたね。当時の仲間には、根無し草みたいな連中が多かったんですが、そんな中で女房は、〝もしかしたら家庭を持てるんじゃないか〟、と思わせる数少ないタイプでした。

真弓さん　夫は、自分で書いた台本なのに台詞《せりふ》をとちるのが面白かったですね（笑）。でも、本のストーリーはすごく良くって大好きでした。

――ご結婚に至ったのは？

範之さん　「こんなことしたら面白い」とか、絵空事ばっかり考えていたんですが、俺みたいな人間でも、地に足をつけて家庭を持てるのかなって、ちょっとトライしてみたくなって。逆に、そっちのほうがフィクショナル（物語的）で、〝俺が家庭を持つ〟、あっ、すごいな とか（笑）。それを試してみたくなったときに、適任だったんです。結婚に憧れていたんですね。俺はおふくろと子一人で育ったものだから、家庭っていうのがよく分かんなくて。親父像みたいのをどう演じていいのか分からないから、見よう見まねで一《いち》から作るみたいな。だから子どもとの距離の取り方が分からず、緊張感あるんですよね。

――プロポーズはどんなふうに？

範之さん　当時、クリスマスシーズンになると養護施設に行って芝居をしていたんですが、そのときに、「結婚するから」って言ったように思いますね。

真弓さん　そんなタイミングで、いつの間にか結婚していた感じです。

範之さん　運命というのがあって、この人に会うべく歯車が回っていたんでしょうけど。でも、おかげ様で女房に引き合わせてもらって、今日に至っているわけですよね。

――一緒に暮らしてみて、いかがでしたか。

真弓さん　波瀾万丈ですね。四半世紀、本当に毎日冒険、チャレンジ（笑）。

範之さん　子どもができたときに、もう一回絵空事の世界に戻りたくなっちゃって（笑）。安定した収入を得なくちゃいけないのに、退職して昔の仲間と芝居やったりして、苦労かけたかもしれませんね（笑）。

真弓さん　私は明日のごはん代くらいは出せるように、ずっと働いていました（笑）。

真弓さん曰《いわ》く〝波瀾万丈〟で穏やかな日々に、暗雲が立ち込めたのは二〇〇八年のこと。真弓さんが悪性リンパ腫を発症したのです。しかし、開腹手術を受けるまでは、がんだと分からずじまいだったと言います。

――がんが見つかったときは、どんな状況でしたか。

範之さん　お腹《なか》が痛いと言っていましたね。俺は介護の仕事に就《つ》いていたので、がんを患った人には何人も出会ってきました。その後もホスピスや病院に面会に行って、おつき合いさせてもらっていましたが、そういう人を介護して体に触ったとき、ここ硬いな、尋常《じんじょう》じゃないな、と感じることがあったんです。女房にも同じような感触がありました。

真弓さん　お腹が痛くなったのでかかりつけの医院に行ったら、「これは手術になるから」ということで、夜、救急車で総合病院に運ばれたんです。

範之さん　病院側は、「婦人科で、圧迫している腫《は》れ物を取る手術をします。三十分ほどで終わりますよ」と言いましたが、「ウソだろ」と。実際にお腹を開けたら、やっぱりただの腫れ物ではなかったので、手術内容が変わるということを医師が伝えに来ました。……逆に誤診は嫌《いや》だったので、むしろ納得しましたね。

真弓さん　私もすぐ終わると聞いていたのに、気づいたときはすでに夜が明けていて……。取れば終わり、手術は三十分だと思っていたので、まさか、がんだなんて。お腹を開けたまま何時間経っていたのかも分かりませんでした。

――傑さんはどう思われましたか

傑さん　家に帰ったら、誰もいないんです。連絡もなくて、ちょっと不安になって。母親に連絡しても出ない。すると妹から連絡があって、「お母さん、死ぬかもしれない」って。実感はなかったんですよ。「ウソだ」くらい。でも翌日、母が病院のベッドでうなだれている姿を見て、「ああ、すごいことだったんだ……」と。あっという間の出来事でした。

――その後は治療に専念されたのですね。

範之さん　腸のリンパ節に、悪性の腫瘍ができていたんです。悪性リンパ腫です。手術で切り取ったんですが、ちょうどそのころ、効果的な薬が使えるようになっていて、主治医もしっかり話を聞いてくれる〝ホンモノ〟という感じの信頼できる先生だったので、「これは治るぞ」と思いました。治療中、自分は洗濯したり弁当作ったり、てんやわんやで貴重な経験をさせてもらいました。

――この八年間、いかがでしたか？

範之さん　まず、名前の呼び方が変わりました。以前は旧姓の「カワシマ、カワシマ」と呼んでいて、子どもができると、「お母さん」じゃないですか。でも病気になってからは、この人の妹が「まゆちゃん」と呼んでいるので、俺も「まゆちゃん」と呼ぶようになりました。呼び方が変わるというのも結構大きくて、世界が変わるというか。子どもの前では言わないですけどね（笑）。

傑さん　いや、時々出てますね（笑）。

真弓さん　うれしいですね。

――病気になって、絆が強くなりましたか？

範之さん　間違いなくそうですね。

真弓さん　その通りです。二〇一〇年六月に二人で樋野先生の面談を受けて以来、私は毎月、「東久留米がん哲学外来」に参加するようになり、いつのまにかスタッフになりました。そのおかげで、今までの人生では縁のなかった方々とも出会え、たくさんの経験をすることができました。今では、がんになったのは樋野先生に会うためだったのかな!?　病気になったことも悪いことばかりじゃないな、と思うようになりました。

――最後に、旦那さんへのお願い。歯を食いしばって奥さんを一分間ほめてください。

範之さん　歯を食いしばらなくても言えますよ。まずは、ローンを組むのがうまいですね！　こうして私をがん哲学外来や、ラジオ収録などに導いてくれました。地域の自治会にも積極的に参加しますし、社会生活が苦手な私を地域社会や信頼できる集まりに導いてくれて、本当にすばらしい女房だと思っています。

❖——樋野興夫からメッセージ

「越冬隊　友の会」庶務担当の小林真弓さんは、二〇〇八年五月に悪性リンパ腫を発症し、半年間の化学療法を終え、今は経過観察中とのことです。二〇一〇年六月、ご夫婦で、「東久留米がん哲学外来」の面談に来られました。その面談以来、毎月、「東久留米がん哲学外来」に参加されるようなり、今では、スタッフの世話人として活躍されています。地域の自治会でも活動され、旦那様を積極的に、支えられています。まさに、『ここに、私がおります。私を遣《つか》わしてください』（イザヤ書六章八節）の役割・使命の気づきです。

ご夫婦の対話集⑤——彦田加奈子さん・彦田泰輔さんご夫婦

近すぎるのは嫌。がんになっても変わらぬ絶妙な寄り添い方。

加奈子さん
「優しい言葉をかけるでもなく（笑）、ただそこにいてくれるだけで寄り添ってもらったな、と」

泰輔さん
「妻に出会って、二回目の人生がスタートしたと思います。次の脱皮が楽しみです」

――泰輔さんは中学校の英語の先生なんですね。今日はお仕事のあと、名古屋からご一緒に？

泰輔さん　別々に来ました。別々の人生です（笑）。

加奈子さん　そうです（笑）。

――そうなんですね（笑）。お二人の出会いについて教えてください。

泰輔さん　大学を卒業後、レストランでコックをしていたんですが、自分が働いていた店舗とは別の店舗でバイトをしていたのが妻です。その日、別の店舗から妻が応援にやって来ることになっていたんですが、まわりの人が、「今日、すごい人が来るからな」と言うので、一体どんな人だろうと思ったら、とにかく強烈な個性の人で（笑）。

加奈子さん　多分、元気がよくて、かわいくて、よく働くな、と思ったことでしょう（笑）。

泰輔さん　その通りです。

加奈子さん　私は、自分とは真逆の人に惹《ひ》かれるので、おとなしくて、何を考えているか分からないのが魅力でしたね。しゃべりかけても、たいした言葉が返ってこない。何だかいつも本を読んでいる。何だろうなあと。めちゃくちゃ興味が湧きました。

泰輔さん　うまく、だまされたな（笑）。

加奈子さん　私、七歳年上なんです。なので、そんな表現になってしまうんですが（笑）。

――結婚に至るまでは、いかがでしたか。

泰輔さん　つき合いはじめたのは、レストランの仕事をやめるころ。ちょうど自分の人生が次に向かっていく時期だったので、結婚を考えました。変わった人だなとは思っていましたが、そのとき妻は、「私は愛の人になるんだ。いろんな人に愛を与えられるような人になるんだ」と、よく言っていたんです。それで、この人はいい母親になって、一緒にいい家庭を築けるんじゃないかと思って決意しました。プロポーズは、ごく平凡に「結婚しよう」と。オチも笑いもないような（笑）。

――子育てで忙しいときに、乳がんが見つかったんですね。

加奈子さん　三人目が生まれて、しばらくしてから分かったんですが、まあ驚きました……。そのとき主人は、「さて、これからがあなたの生き様《ざま》の見せどころですね。人間としての本質が問われます」と言ったんですよ！

――とても哲学的な言葉に聞こえます。

加奈子さん　いえ、私は、何て冷たいの！　と。そのときはまだ樋野先生に出会っていなかったですし。他のご夫婦のみなさんのお話を聞くと、帰りの道が分からなかくなったり、うろたえたり、それが普通ですよね。でもうちの主人は……。本当に冷たい人なんだと思いましたよ。

泰輔さん　それを言った記憶がないんですよね。自分にも他人にも厳しくしているので、思わず口にしてしまったのかも。もちろんうろたえましたが、自分には頼りない部分があると思うので、もっとしっかりしなくては、と感じました。

加奈子さん　今なら理解できるんですが、あまりにも正論すぎて、冷たいと思っちゃったんですね。でも冷静さを取り戻して、いったん落ち着くことができたなとも思います。一歩引いて考えられるようになったので、今では愛のある言葉だったなと。時間はかかりましたけどね。主人は一貫してそういう人なんです。今までも、正論を言ってくる人でした。がんの告知のときも、いつも冷静に、冷たく（笑）。

夫婦の形は、まさに十人十色。夫婦の数だけ、二人の寄り添い方があります。加奈子さんは、いくら病気になったとはいえ、ペースを崩さずいつも通り接してくれた泰輔さんに、ありがた味を感じていると言います。

加奈子さん　主人は自分の仕事も大好き、教育の研究も熱心で、趣味も大好き。私や家庭のことは放置（笑）。ただ、病気になっても変わらず、いつもと同じように淡々と接してくれることに、ちょっとホッとしているんです。病気だからといって生活をガラッと変えて、「お前に、つきっきりだよ」みたいになっちゃうと、私はあなたの人生まで奪っちゃったのでは、と感じてしまうと思うんですね。でもまあ、主人は私の期待通り生活を変えず、立派にこなしてくれています。この間も十万円もする自伝車を買ったりするんですから、それはもう、私は救われていますよ（笑）。彼の普通の人生に、私の病気が影響を及ぼしていないと思うと、ホッとします。とはいえ、こうした夫婦対談には参加してくれたり、しっかりサポートしてくれたりしているので、感謝しているんですよ。

――もっと寄り添ってほしいとは思いませんでしたか。

加奈子さん　ベタッとこられると、自分は皆の荷物、迷惑な存在になっていると思うタイプなんです。だから、優しい言葉をかけるでもなく、空気のようにただそこにいてくれるだけでいいんです。それで、本当に寄り添ってもらったな、と実感できるんです。

——寄り添い方は、夫婦によって違いますね。

泰輔さん　お互いに、一人の時間も大切にしながらやってきたので。病気になっても変えはしませんでした。ただ、優しくしなければ、とは思いましたよ。

加奈子さん　優しくしなきゃなと思っているな、というのは分かりましたね（笑）。

泰輔さん　樋野先生のお話をうかがっていると、夫の冷たさについてのお話がありますが、まさに自分がそうだなと思いました（笑）。実は樋野先生との出会いは、トイレの中なんです。トイレの壁や棚には、息子の算数や漢字のプリントなどいろいろなものが貼ってあったり置いてあったりするんですが、その中に樋野先生の本があったんです。妻が何かを伝えたいときにはいつもそうするので、きっと読ませるために置いたのかな、と思いました。

——最後に、旦那さんへのお願い。歯を食いしばって奥さんを一分間ほめてください。

泰輔さん　こんな仕事をしているんですが、人をほめるのがすごく苦手で、本当に歯を食いしばって言います。かわいいよ。愛の人という言葉の通り、いろんな人に愛を与えていて、両親、子ども、近所の人に。そこから学ぶことが、本当に多いです。妻に出会って、二回目の人生がスタートしたなと思います。これから二人で、どこかでまた新たしい自分を見つける脱皮のときが待っているのかなと思うと、楽しみです。そんな楽しみを与えてくれて、ありがとうございます。

❖――樋野興夫からメッセージ

「越冬隊　友の会」名古屋市部長の彦田加奈子さんは、二〇一四年に乳がんになって手術、抗がん剤と、現在もホルモン治療中とのことです。最近、名古屋の郵便局に、『シャチホコ記念がん哲学外来カフェ』を開設されました。三人のお子さんと一緒に、「がん哲学外来　カルタ」も作製中とのことです。さらに旦那様も協力され、一家で『シャチホコ記念新聞』も発行されています。先日は、小学生の娘さんの手作りの「Hinoクッキー」を持参されました。感動しました。まさに、『大草原の小さな家』ですね！大いなる祝福ですね！

【PROFILE】
樋野興夫（ひの・おきお）
順天堂大学医学部　教授
がん哲学外来理事長

1954年、島根県生まれ。順天堂大学医学部病理・腫瘍学教授、医学博士。米国アインシュタイン医科大学肝臓研究センター、米国フォクスチェースがんセンター、がん研究所実験病理部長などを経て現職。一般社団法人「がん哲学外来」理事長。がん研究会学術賞、高松宮妃癌研究基金学術賞、第1回「新渡戸・南原賞」などを受賞。
主な著書に『明日この世を去るとしても、今日の花に水をあげなさい』（幻冬舎）、『いい覚悟で生きる がん哲学外来から広がる言葉の処方箋』（小学館）、『がん哲学外来へようこそ』（新潮社）、『あなたはそこにいるだけで価値ある存在』（KADOKAWA）など。

一般社団法人がん哲学外来ホームページ　http://www.gantetsugaku.org/

装幀　Next door design
装画　相田智之
DTP　若松隆
編集協力　リリーフジャパン（吉川健一、相田英子）
※本書は、ラジオNIKKEI『日曜患者学校　樋野興夫の「がん哲学学校」』の放送内容を一部参考にしています。

「今日《きょう》」という日《ひ》の花《はな》を摘《つ》む

2016年7月9日　初版第1刷発行

著　者　樋野興夫
発行者　岩野裕一
発行所　株式会社実業之日本社
〒153-0044　東京都目黒区大橋1-5-1 クロスエアタワー 8F
【編集部】TEL.03-6809-0452
【販売部】TEL.03-6809-0495
振替00110-6-326
実業之日本社のホームページ　http://www.j-n.co.jp/

印刷所　大日本印刷株式会社
製本所　株式会社ブックアート

ISBN978- 4-408-11198-8（第一経済）